シニアのための
防災手帖

一般社団法人
地域防災支援協会 三平 洵 監修

SHC 産業編集センター

はじめに

歴史を振り返ると、私たち日本人は、震災や風水害、雪害、火山災害など、多種多様な災害に見舞われてきました。今日までに行われている建物の耐震化やダム・堤防の強化など「構造物への防災対策」は、長年の知恵と教訓によって築き上げられてきたと言えるでしょう。一方で、人間の力で減災を目指す「人への防災対策」は、未だに発展途上。それまで国や都道府県などにお上頼みだった防災対策が、個人や家庭、地域で対応する必要があることに、ようやく気づいてきた段階です。

本書のテーマである「シニアの防災対策」は、少子高齢化が進む日本においてとても重要な課題です。また、少子高齢化の中での防災対策は、世界中において誰も経験していない分野です。つまり、日本人の私たちが先陣を切り、その道を進めていくことになるのです。

そのような背景を踏まえ、本書では「災害関連死」や「災害直接死にも繋がる避難行動」など、シニアの方のいのちを守るために必要なポイントをまとめています。さらに被災経験談も交えながら、どのようなことが問題となり、あらかじめ何を準備しておけばよいのかを「気づくきっかけづくり」になることを狙いとしています。

防災対策はシニアの方ご本人が自分自身でできることは自分で行う「自主性」と、ご本人だけで準備や災害後の対処行動を行うことは難しいため、その点は周りの方が「サポート」する両輪で進めることが大切です。シニアの方ご本人はもちろん、大切な方を守りたい家族など周りの方や、お仕事としてシニアの方に日々接している専門職の方にもお読みいただければと思います。本書がこれからの「シニアの防災対策」の一助となれば幸いです。

2019年5月

一般社団法人 地域防災支援協会
代表理事 三平洵

目次

シニアのための防災 50の心得

はじめに 2
もしも今、大地震が起きたら… 7

導入編

1 日本の自然災害 災害大国の運命から、逃れることはできない。だから、備える。 14
2 シニア世代と災害 突然やってくる災害。その時、最も危険なのは60歳以上の人々です。 16
3 災害関連死 災害関連死は「助けられた命」。避難することよりも大切な被災生活で生き延びること。 18
4 自助・近助の重要性 「誰かが助けてくれる」という考えは捨てること。自分で守る、周囲で助ける。 20
5 防災の三原則 知識・装備・技術。どれかひとつでも欠けると防災は成立しません。 22
6 身体づくり いざという時に逃げることができる丈夫な足を日頃から。 24

日常編

7 服装と体温調節 暑さ・寒さはシニアの大敵。日常生活での心がけが災害時にも役に立つ！ 26
8 地域との繋がり 近所の人や趣味の仲間は日常では笑顔を生み、災害時には支えになる。 28
9 防災学習 観光をしながら被災体験を学ぶ。旅×防災のススメ。 30
10 外出時の持ち物 普段から何気なく持ち歩くその品が被災時に運命を変える。 32
11 住宅の耐震 高齢者世帯は特に注意！ 耐震性の弱い家は数十秒で倒れます。 34
12 室内対策 たとえ被災しても生活できる場所をひと部屋考えておく。 36
13 寝室対策 無防備状態の睡眠中はすぐに行動に移せない。寝室の防災対策は念入りに。 38

事前準備編

14 整理整頓 タンスの上の段ボール、落ちてきたらどうなる…?「もしも」を想定した収納を。 40
15 災害時に必要なもの マニュアルに頼らない。「生きるための避難」で本当に必要なものは? 42
16 備蓄品 食べたいものや必要な備蓄品は季節によって異なる。 44
17 家族との決め事 毎月2回は開局される災害用伝言ダイヤルを試しに1回使ってみる。 46
18 正常性バイアス 「何とかなる」という長年の経験と自信が災害時には命取りになる。 48
19 震災のハザードマップ 避難場所までの道。車椅子だったとしても行くことができますか? 50
20 震災のための事前確認 もし今揺れたとしたら…。想像することで危険が見えてくる。 52
21 風水害のハザードマップ 風水害は予測ができる。これが震災との決定的な違いです! 54
22 風水害の事前知識 第一に事前避難。避難後は絶対に安全な場所から離れない。 56

発生時編

23 もしも! 震災編 震度6以上の揺れだと逃げることはまず不可能。その場で身の安全を図る。 58
24 自宅で地震が起きたら 震災での怪我の大半は室内で起きている。身を守ることが最優先。 60
25 外出先で地震が起きたら 出先の環境はさまざま。自宅以上に状況ごとの応用力が問われる。 62
26 火災のリスク 揺れたら終わりじゃない! 最も恐ろしい二次災害。地震火災のリスク。 64
27 もしも! 風水害編 上方向へ逃げるのか、横方向へ逃げるのか。風水害はその選択が要。 66
28 その他の災害 油断は禁物。地震や台風以外にも起こりうる多数の災害。 68
29 トリアージ 助けを呼ぶ前に考えて。「助けてくれ」とさえ言えない重傷者のこと。 70
30 救急処置 念のために、と習得した正しい知識と技術が誰かを救うかもしれない。 72
31 震災時の避難の見極め 自宅を離れるべきか、留まるべきか。危険を見極め判断を。 74
32 ライフラインの停止 電気、水道、ガス。全てが同時に停止するその不便さを想像して。 76

被災生活編

33 介護と防災 日常でも介護の現場は深刻な人手不足。災害時はなおさら。 78
34 生活場所の選択 避難所で暮らすことが避難生活ではない。家で暮らす在宅避難も。 80
35 自宅を離れる前に ちょっと待って！ 自宅から離れる前に済ませておくこと。 82
36 飲み水と脱水のリスク 災害関連死の8割の原因は脱水症状が引き金に。命の水を摂取する大切さ。 84
37 被災時の食事 噛む=血を送る行為。温かい食事が私たちの命を繋ぐ。 86
38 感染症予防 免疫が弱いシニアには特に注意が必要な不顕性感染のリスク。 88
39 口腔ケア 肺炎リスクのある高齢者は口内の健康が特に大事。身体の健康に影響します。 90
40 トイレ環境 被災中のシニアに清潔なトイレ環境は食事と同じく大切。 92
41 姿勢と運動 散歩や体操を忘れずに。被災前にしていたリハビリは継続を。 94
42 情報の入手 災害時はデマが流れる。発信元をしっかり確認して情報に踊らされない。 96
43 心のケア 何より辛い心の病気。耐えられない思いは決して我慢をしないこと。 98
44 ペット防災 ペットは家族同然！ それならペットの防災も当然必要です。 100
45 防犯対策 悲しいことに被災直後のシニアを狙った犯罪も…。 102
46 避難所での生活 直後の避難所は大混雑！ 日が過ぎてから残るのはひとり暮らしの高齢者。 104

復興編

47 被災地の復興 未来を見据えて。徐々に姿を変えていく被災地の様子。 106
48 支援制度 被災者一人ひとりが人生を前向きに生きるための支援制度。 108
49 個人ができる支援 ニーズに合わない物資はむしろ被災者の負担に。本当に望まれる支援とは？ 110
50 被災者の未来 10年、20年後に被災者が幸せに生き続ける未来。それが、本当の復興。 112
あの日、あの時の災害体験談 114

シニア夫婦の困難を想像する

もしも今、大地震が起きたら…

突然やって来る大震災。
その時、人は何を思い、
どう行動するのでしょうか。
ある夫婦の物語を元に、
脅威を想像してみましょう。

震災直前
9:00

一年前、会社を定年退職した学さん（66歳）は、妻・知恵子さん（63歳）と母・久子さん（91歳）と、東京都内にあるマンションの10階で暮らしていた。その日の朝、学さんは電車で10分の距離にある図書館へ出かけ、知恵子さんはパートが休みのため自宅で久子さんと留守番をしていた。猫のミーコは、ソファの上で大あくびをしていた。

いつもと変わらない平和な日常。
しかし、わずか2時間半後にその日常は一瞬で崩れ去ることとなる…。

11時32分、マグニチュード7・2、最大震度7の首都直下型地震が発生した！

急に大きな揺れが起きたら、
どうやって身を守るのか？
P58「もしも！ 震災編」

震災直後
11:32

夫・学さん

学さんは図書館の机で読書をしていた。「昼飯は何を食べようか…」とのんびり考えていた、その時だった。『ヴィー！ ヴィー！』と、近くにいた人の携帯が一斉にけたたましく鳴り響く。緊急地震速報のサイレンの数秒後、地面の底を突き破るような地割れの音とともに、建物が大きく傾いた。

激しく身体を揺られながら、学さんは**とっさに机の下に身を隠した**。高い本棚に整頓されていた本が叩きつけられるように床に落ちていく。近くで若い女性の悲鳴が聞こえた。とっさに、学さんは「棚から離れろ！」と声をあげていた。

揺れは1分ほどで収まった。館内は停電し、落ちた本が何層にも積み重なって、膝上まで達していた。幸い、周囲に大怪

妻・知恵子さん

昼食の調理中に、知恵子さんは大きな揺れに襲われた。身の危険を感じて、とっさに鍋の火を止めた。しかし、**キッチンから離れよう**にも、激しい振動で一歩前にさえ進めない。**自分の背丈より高い位置に積まれた食器**が、凶器となって降ってくる。10階のため、特に揺れが激しかった。1分後、ようやく地震は止まった。とっさに気になったのは、姑の久子さんのこと。つい数分前に、ひとりで散歩に出かけたばかりだった。

知恵子さんは久子さんを探しに外へ出た。近所は日常とは全くの別世界。電柱は折れ曲がり、コンクリートの地面が地割れを起こしていた。

「おばあちゃん！」知恵子さんは、マンションのエントランスホールで腰を抜か

地震を想定した収納が
きちんとできているか？
P40「整理整頓」

どの部屋にいるかによって、
身の守り方は違う！
P60「自宅で地震が起きたら」

＊本来、大地震発生時は、むやみに移動を開始せず、会社などの安全な場所に留まる「一斉帰宅抑制」が推進されています。

電話が使えない状況下で、家族の安否を確認するには?
➡P46「家族との決め事」

被災した家で生活を続けるために必要な心がけは?
➡P36「室内対策」

震災当日
14:00

我をした人はいなかった。学さんは、非常階段を使って外へ出た。街には土埃が充満し、倒壊している建物もあった。

とっさに**妻のことが気になったが、電話は不通。**連絡を取る手段はなかった。

＊**電車は使えないため、学さんは歩いて8キロ離れた自宅まで向かうことにした。**

している久子さんを発見、すぐさま駆け寄った。幸い、怪我はないようだった。

停電によってエレベーターは使えなくなり、久子さんは10階に行くことはできない。学さんが帰宅してくる可能性があるため、2人はマンション1階にある住民共用の集会室で、待機することにした。

2時間かけて、ようやく自宅マンションにたどり着いた学さん。マンションの応接間で、学さんは、知恵子さんと久子さんに無事、再会することができた。

その後、学さんは10階の自宅を見に行った。玄関まではどうにか入ることができたが、**廊下から先はありとあらゆるものが散乱し、**生活できる状態ではなかった。片づける気も失せ、学さんは貴重品だけを持ち知恵子さんのいる1階へ戻った。

と、その時だった…。再び、2時間半前と同様の大きな揺れが、3人を襲ったのだ！

立っていた学さんと知恵子さんは転倒。特に、知恵子さんは当たりどころが悪く、腕を激しく床に打ちつけた。学さんは、知恵子さんの怪我を見て仰天した。「**血が出ているじゃないか！**　早く病院に行こう！　…と言っても、お袋のことも心配だよな」

久子さんひとりを置いていくことはできず、結局知恵子さんだけで病院に行くことに。夫が自分を優先しなかったことに内心は苛立ったが、この状況では仕方がない…。

念のために、と習得した応急処置が役に立つかも!
➡P72「救急処置」

ライフラインが止まるとどんな不便が起こるのか?
➡P76「ライフラインの停止」

震災当日
16:00

夫・学さん

学さんと久子さんは、1階で知恵子さんが病院から帰るのを待つことに。集会室には、十数名の住民が集まっていた。「そう言えば、3階のひとり暮らしのおじいさんがいない…」学さんはそう思い、おじいさんの家のドアをノックしたが、返事はなく、安否確認さえできなかった。

妻・知恵子さん

最寄りの総合病院に駆けつけた知恵子さん。院内は、大量の患者が一度に詰めかけ、ひどい混乱状態だった。**災害時には、命の危険がある重病者が最優先**となる。出血こそしていたが、軽傷の部類に含まれる知恵子さんは、結局3時間待ち、処置をしてもらうこととなった。

自分よりも深刻に
助けが必要な人がいる!?
➡P70「トリアージ」

震災当日
20:00

知恵子さんが帰ってきた頃には、外はすっかり暗くなっていた。エレベーターは復旧の見込みがなく、何より高層階で生活し続けるには地震の心配もあった。学さんたちは、避難所に指定されている近所の小学校へ行くことにした。また、誰かが訪問してきた時のために、**玄関に書き置きを残しておいた**。もちろん、猫のミーコも一緒だ。

避難所は、4町内の住民が集まり、自治体が想定した定員の3倍を超えていた。そんな中で、学さん夫婦が一番困ったこと。それは、生活場所となる体育館内への「**ペットの持ち込み禁止**」。ミーコは家猫で、避難所の外で飼うことは難しかった。他人からすればたかがペットだが、夫婦にとってミーコは家族同然の存在。仕方がないので、避難所をあきらめ、自宅付近に駐車した自家用車での**車中避難を選ぶことにした**。

置き手紙の残し方、
これをやってはダメ!?
➡P82「自宅を離れる前に」

家族同然のペット。
守る準備はできている?
➡P100「ペット防災」

避難所で暮らすことだけが
避難生活ではない!
➡P80「生活場所の選択」

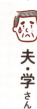

震災翌日 8:00

車中で朝を迎えた3人。久子さんは、早朝からずっと血圧の薬の用意がなく心配をしていた。預金通帳や印鑑は持ち出していたが、**久子さんにとっては不可欠な薬の存在**をすっかり忘れていたのだ。震災2日目の朝、学さんは自宅まで取りに戻ることにした。

本当に必要なものは
個人によって異なる！
➡P42「災害時に必要なもの」

震災翌日 10:00

夫・学さん

自宅は電気・水道・ガス、全てが停止。車中避難での寝不足の身体に、今日も**10階分の階段がこたえる…**。

被災生活は体力勝負。
健康が本当に大事！
➡P24「身体づくり」

学さんは、自宅のドアに鍵がかかっていないことに気づいた。この異常事態の中で、昨日、鍵をかけ忘れてしまったのだ。ドアの外には、避難所へ向かうことを記した書き置きが残ったままだ。これでは、留守だと一目でわかってしまう…。

とっさに感じた嫌な予感は的中…。空き巣に入られてしまっていたのだ。幸い貴重品は持ち出していて無事だったが、**預金通帳が一冊なくなっていた。**

被災直後に多発する
犯罪とはどんなもの？
➡P102「防犯対策」

妻・知恵子さん

しばらくして、久子さんの様子が少しおかしいことに気づいた。「おばあちゃん？」と声をかけても、横になったまま息苦しそうにしている。知恵子さんは近所の人に助けを求めた。そして、久子さんが**エコノミークラス症候群**になっていることがわかった。狭い車内の座席をベッド代わりにして、ずっと同じ体勢で寝ていた久子さん。そのふくらはぎは、血栓がつまり赤く腫れ上がっている。**トイレを我慢していた**のも、事態を悪化させる要因になっていたようだ。早期発見により、幸い大事には至らなかった。

同じ姿勢でいることが
シニアにはとても危険？
➡P94「姿勢と運動」

高齢者がトイレを
我慢してしまう理由は？
➡P92「トイレ環境」

震災
5日目

車中避難での生活も4日を過ぎた震災5日目。電気が復旧し、3人はようやく自宅に戻ることができるようになった。

リビングを片づけている途中、学さんは気づいた。「なんだか、焦げ臭くないか…?」匂いの元は、倒れた電気ストーブからだった。地震の前から、ストーブの電源はOFFになっていたはずだった。しかし通電後、数日間続いた強い揺れによって、近くにあった棚が転倒。その衝撃でストーブの電源がONになり、**火災が発生していたのだ**。幸い、近くに燃えやすいものがなく、床の一部に焼け跡が残るだけだったが、大惨事を招きかねない危険な状態だった。

最も恐ろしい二次災害
地震火災を防ぐには?
P64「火災のリスク」

学さんと一緒に片づけをしていた知恵子さんが、しばらくして**突然泣き出した**。「どうして、こんなことに…。家はぐちゃぐちゃ、怪我して、通帳も盗まれて…、私たち、何も悪いことしてないじゃない…!」

強烈な被災体験の後に
必要な心のケアとは?
P98「心のケア」

慣れない避難所での生活。それでも、久子さんを守らなくてはいけないと知恵子さんはずっと気を張っていた。自宅に戻ったことで、内に秘めていた負の感情が溢れ出てきたのだ。

「少しずつ、一緒に頑張ろうな」。学さんはそっと知恵子さんの肩をさすった。

いつか来る、大災害の運命からは逃れられない。
だからこそ、自分を、そして大切な人を守るために、
今日から、生き抜くための知恵を養おう。

シニアのための防災 50の心得

防災は、何よりも起きる前の準備と心がけが要です。
この本を通して、一番感じてほしいのは「気づき」。
あなたとあなたの大切な人を守るために
本当に必要なことは何かを考える、50の心得です。

災害大国の運命から、逃れることはできない。だから、備える。

地球上で起きるマグニチュード6以上の地震のうち、なんと約2割が、この小さな日本で起きているということを知っていますか?

近年は震災に限らず、台風や大雨による風水害も深刻な被害を残しました。

にもかかわらず、日本人の防災対策は、決して十分とは言えません。

私たちに必要なのは、「日本には災害が起きる」という事実を受け入れること。

その上で、自分たちの力でできる防災・減災を考えていくことです。

経験者の声

学生時代に被災して辛い思いをしたのに。40年経って、すっかり風化していた。
（熊本地震／60代男性）

経験者の声

（地震が）いつかは来ると思っていた。でも、そのいつかが、まさか今やって来るとは…。
（東日本大震災／50代女性）

1

平成以降の大災害マップ

日本で安全な場所などない！

地震を発する4つのプレートがぶつかり合い、台風の通り道でもある日本列島はまさに、災害の島。下の図で紹介しているのは、特に甚大な被害を及ぼした大災害のみ。これ以外にも、数え切れない自然災害が、毎年各地で発生しています。

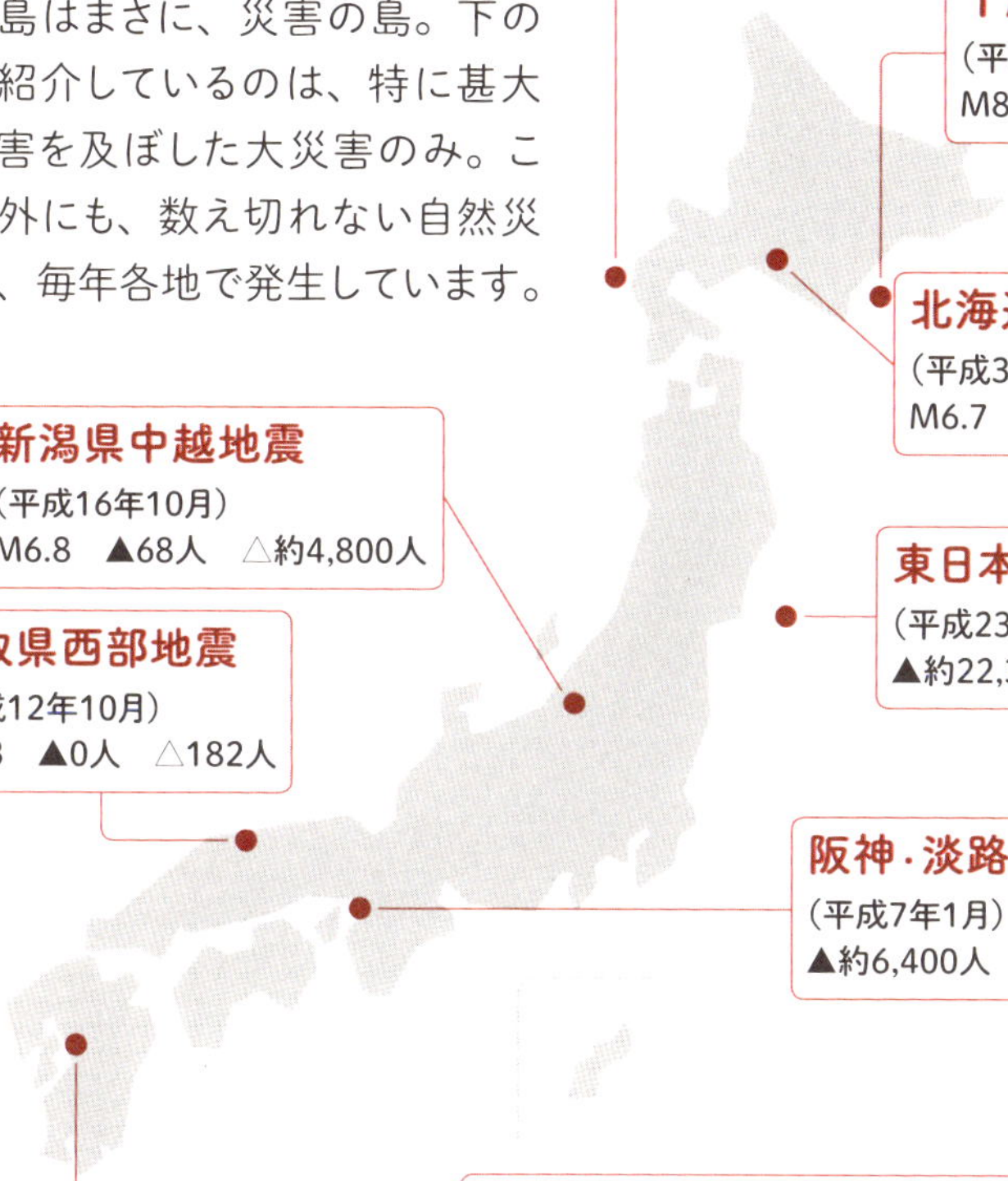

10年以内の主な風水害

平成21年7月中国・九州北部豪雨	▲35人	△59人
平成24年7月九州北部豪雨	▲32人	△27人
平成26年8月豪雨（広島土砂災害）	▲77人	△68人
平成27年9月関東・東北豪雨	▲20人	△82人
平成29年7月九州北部豪雨	▲44人	△39人
平成30年7月豪雨（西日本豪雨）	▲245人	△465人

※ ▲は死者・行方不明者、△は負傷者の数
参考：総務省消防庁情報（令和1年5月現在）

導入編

シニア世代と災害

突然やってくる災害。その時、最も危険なのは60歳以上の人々です。

65歳以上の人が全人口の約28%を占める高齢化社会、日本。
近い将来、国民の3人に1人は高齢者という時代がやってきます。
一方、災害でどれほどの高齢者が命を落としているか、考えたことはありますか?
いざという時、誰よりも死の危険にさらされるのは、シニア世代。
さらに、シニアの中でも年齢が上がるほど、犠牲者は増えていきます。
この事実を受け止めて未来に生かすことが、今の日本には必要不可欠です。

経験者の声

家屋の倒壊で友人を失った。一緒にいたのに、救えなかった。もう少し若くて、力が余っていたら…。(阪神・淡路大震災/60代女性)

経験者の声

「死ぬ時はその時」と思って生きてきた。でも、いざ命の危険を感じた時、生きていたいと願った。(東日本大震災/80代男性)

2

大災害でのシニア世代の犠牲者

60歳以上の死者が大半、この現実に目を向けて！

全国で起きた震災害や風水害の人的被害を見てみると、多少の誤差はあるものの、いずれも高齢者を中心とした「要配慮者」に集中しています。東日本大震災の年齢別死亡率（右図）では、60歳以上の死亡率は約65%。これは、被災前の60歳以上の人口密度の2倍以上。いかに多くのシニアが犠牲となってしまったのかがわかります。

■岩手県・宮城県・福島県における東日本大震災の年齢別死亡率

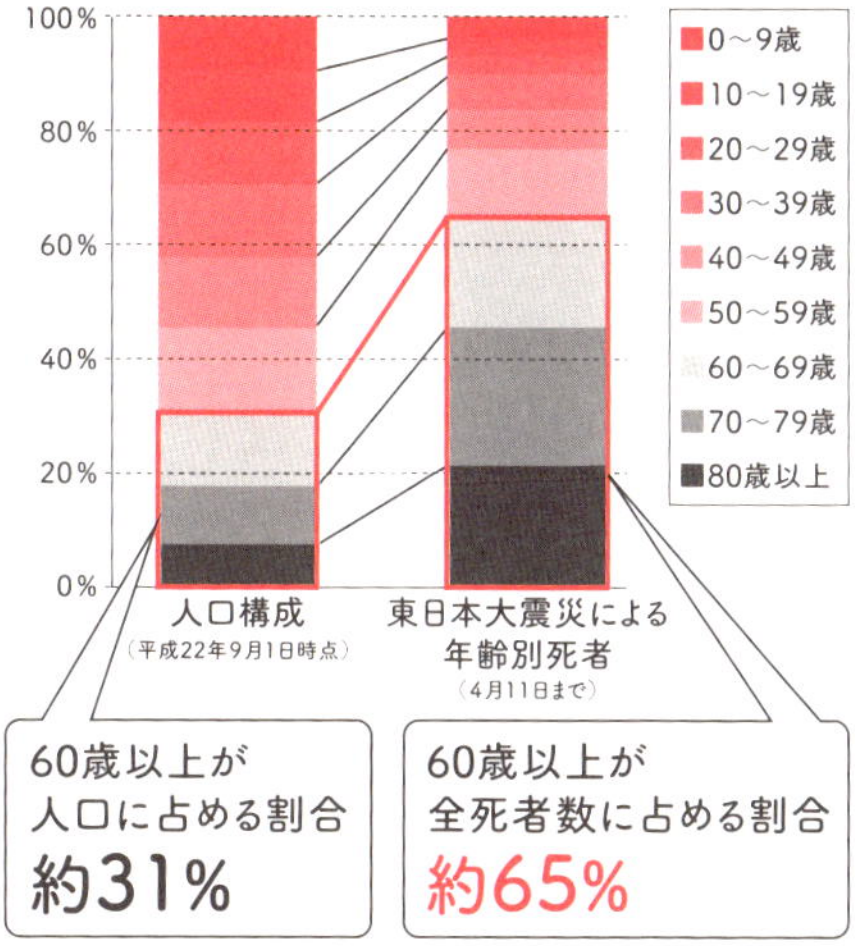

参考：平成23年防災白書

- 阪神·淡路大震災における死者・行方不明者
  →およそ **6割が60歳以上** の人たち
- 東日本大震災における死者・行方不明者
  →およそ **2/3が60歳以上** の人たち
- 西日本豪雨における死者・行方不明者
  →およそ **7割が60歳以上** の人たち

大規模災害での人的被害は、高齢者に集中する！

3 災害関連死は「助けられた命」。避難することよりも大切な被災生活で生き延びること。

瓦礫の下敷きになってしまった人、津波に飲まれてしまった人…、災害の犠牲者は、そのような人たちばかりではありません。実は、多くの犠牲者が被災生活の最中に力尽き、命を落としています。被災生活による持病の悪化や過労、そして自殺。それが災害関連死です。災害関連死は、助けることができたはずの命。必要なのは、「避難する」ための防災ではなく、「生き続ける」ための防災です。

経験者の声
避難所にいた時は本当に辛かった。嘔吐や腹痛がずっと続いた。
（東日本大震災／70代女性）

災害直接死と災害関連死

災害直接死

建物の倒壊や火災、津波など災害による直接的な要因で死亡すること。

災害関連死

直接的な被害ではなく、被災生活での体調悪化や過労などの間接的な要因で死亡すること。

ex.
エコノミークラス症候群、慢性疾患、被災生活期の疲労、自殺など。

災害関連死は、きちんと防災対策していれば防げる!

熊本地震でみる災害関連死

平成28年に発生した熊本地震では、全犠牲者のうち災害直接死の4倍以上の人々が、災害関連死に認定されています。避難所で亡くなった人の他、車中泊をしていた人、入院中に被災した人も多く含まれていました。

■熊本地震の災害死内訳

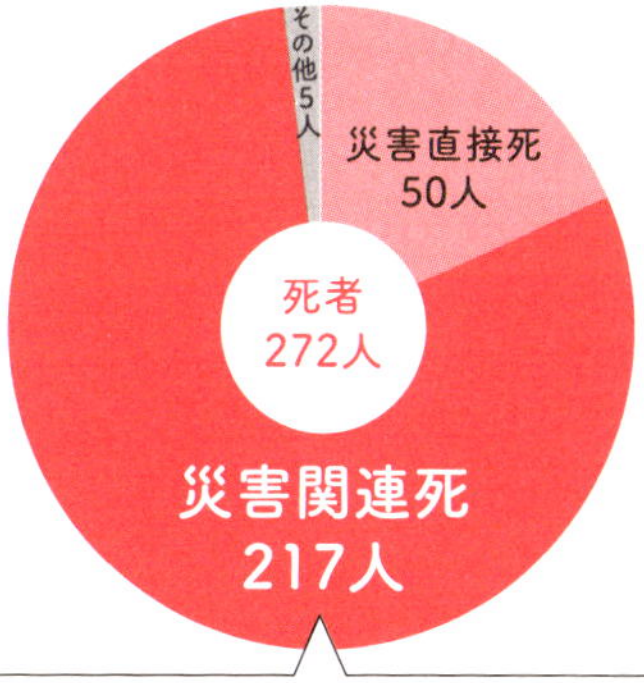

さらに、関連死と認定された犠牲者は**70歳以上が8割**を占める結果に…

参考：総務省消防庁情報（平成30年10月15日更新）

4

「誰かが助けてくれる」という考えは捨てること。自分で守る、周囲で助ける。

自助・共助（近助）・公助という言葉を聞いたことがありますか？
「自助」は自分自身を助けること。「共助（近助）」は地域での助け合い。
そして「公助」は消防や自衛隊など、行政による救助を示す言葉です。
普段、私たちは当たり前のように公助に守られて生きています。
しかし、いざ大災害に見舞われたら、公助の軸は一気に崩れます。
災害直後に特に必要なのは、自分たちで支え合う自助と共助の力です。

経験者の声

避難所のトイレが使えず困った時、皆で力を合わせて土を掘り、トイレを作った。
（熊本地震／50代男性）

経験者の声

近所のおばあさんのことが気がかりで部屋を覗くと、散乱する家具の中、たったひとりで震えていた。
（北海道胆振東部地震／60代女性）

自助・近助・共助・公助の関係性

災害時は自助と公助の力関係が逆になる!?

災害時、行政は全ての被災者をすぐには支援できません。だからこそ、個人や地域コミュニティでの助け合いが不可欠になります。

通常 行政による公助で平和な日常。

災害時 公助が麻痺。自分たちで乗り切る。

■災害時の心構え

まずは自助	自分の身を守り、家族の安否確認をする。
次に近助	隣近所の困っている人に、手を差しのべる。
さらに共助	自治会や地域での安否確認や支援を行う。
最後に公助	災害情報の伝達や消防、自衛隊の支援。

CASE STUDY

阪神・淡路大震災で人命救助は誰がした？

震災時、生き埋めや閉じ込められた際の救助隊による救出はわずか1.7%。自助や近助がいかに重要なのかがわかります。

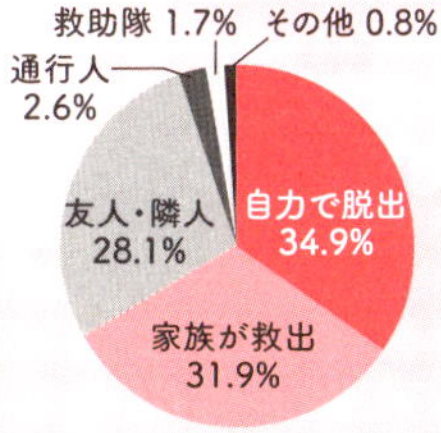

参考：標本調査「1995年兵庫県南部地震における火災に関する調査報告書」（社）日本火災学会（1996）

5

知識・装備・技術。どれかひとつでも欠けると防災は成立しません。

たとえば、きちんと消火器を家に備えていたとしても、いざ火事になった時、使い方がわからなければ意味がありません。

自分自身の身を守るために必要な防災の三原則、それは「知識」「装備」「技術」です。

どれかひとつでも欠けてしまっていては、本当の意味で、正しい防災対策ができているとは言えません。

経験者の声

町内会が主催する防災訓練に参加した経験がとても役に立った。
（新潟県中越地震／70代男性）

経験者の声

簡易トイレを備蓄していたけど、一度も使ったことがなかったので苦労した。
（東日本大震災／80代女性）

自助に必要な防災の三原則

知識

**正しく学び、
防災への知見を蓄える。**

ex.
- 日頃から助け合える交流を持つ（P28）
- 自宅の耐震について確認する　（P34）
- トリアージの存在について知る（P70）

装備

**必要なものを
事前に用意しておく。**

ex.
- 災害で生き抜く体力をつける（P24）
- もしもに備えた荷物を考える（P42）

技術

**いざという時のために
スキルを習得する。**

ex.
- 救命救急の講習に参加する（P72）
- 節水になる歯磨き法を習得する（P90）

日常編

身体づくり

いざという時に逃げることができる丈夫な足を日頃から。

6

日本の平均寿命はトップクラス、世界に誇れる長寿大国です。
一方で、残念なことに日本の「健康寿命」はそれほど長くはありません。
いくら長生きができても、健康的な身体でなければ、
旅行に行くこともできないし、おいしいものも食べに行けない、
そして何より大災害が起きた時、被災生活を生き抜くことができません。
元気で健康的に暮らすこと自体が、防災になるのです。

経験者の声

避難所で物資を運ぶ途中、ぎっくり腰に。病院が機能しておらずしんどかった。
（阪神・淡路大震災／60代男性）

経験者の声

被災生活を乗り切れたのは、週2回のテニスで体力をつけていたお陰かも。
（東日本大震災／70代女性）

シニア世代の健康と身体づくり

筋肉は高齢でも鍛えられる！健康でいることが防災に

白髪や老眼などは進行を止めることが難しいですが、筋肉は何歳になっても鍛えれば増えます。健康的な身体があれば、いざという時に逃げ延びる確率が上がり、被災生活での衰弱も抑えることができます。

ex.

年齢ごとの平均歩行速度

36〜59歳	約4.9km/h
60〜74歳	約4.6km/h
75歳以上	約3.7km/h

体力の衰えを自覚するのも防災への第一歩！

■健康的な身体づくりのために

☑ 1日30分のウォーキングで体力を保つ

散歩ついでになど、毎日歩く習慣をつけて。10分を3回に分けてもOK。

☑ 体幹部を鍛えて転倒を防止する

転んで骨を折ると、寝たきりになる恐れも…。スクワットなどで体幹強化！

☑ タンパク質の摂取で筋力の衰えを防ぐ

筋力の衰えには肉や魚、卵、大豆などを。運動と合わせれば相乗効果が。

日常編

服装と体温調節

7 暑さ・寒さはシニアの大敵。日常生活での心がけが災害時にも役に立つ！

天気や季節に応じた正しい熱中症対策や防寒対策をすることは、毎日の健康を維持するためにとても大切なことです。もしも、停電などでエアコンやストーブが使えなくなってしまった場合、暑さ・寒さの問題は体調に直結し、場合によっては生死を左右します。外気からいかに身を守るかが、被災時には非常に重要。だからこそ、いざという時に困らないよう日常でも対策が必要です。

経験者の声

猛烈な暑さの中での復旧活動。ボランティアさんが熱中症で何人も倒れた。（西日本豪雨／60代男性）

経験者の声

夏だったが夜は冷え込み寒かった。ロウソクが役に立った。（北海道胆振東部地震／80代女性）

暑さ・寒さをしのぐコツ

服装の工夫

ただ単に服を脱ぎ着しての対策はNG。暑さ対策も寒さ対策も、服装や小物の選び方にはコツがあります。

寒さ対策

大きめのストールやマフラーを
ダウンジャケットは肌の近くで着る
コートは軽く防水機能つきがベター

防水加工され風をさえぎる素材がベター。衣類が濡れたらすぐに着替えを。

暑さ対策

電気が不要の冷却グッズを持ち歩く
熱中症予防の帽子は必須
ゆったりしたシルエットの服を選ぶ

室外はもちろん、空調設備が不十分な室内でも熱中症は起こります。

体温調節

太い血管が肌の近くにある首の後ろやわきの下、尾てい骨上などは温度を調整することで体温調節ができます。

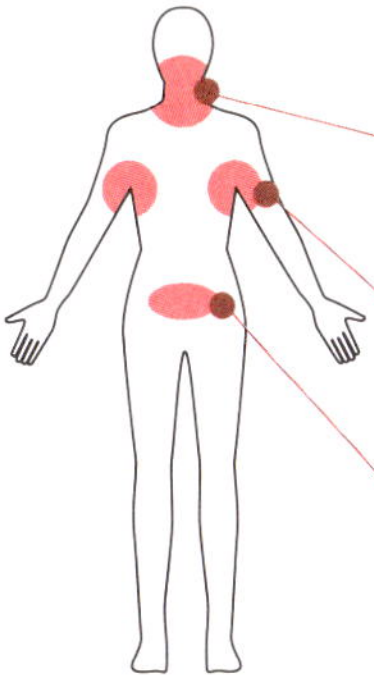

首の後ろ　寒い時はマフラーを巻くと血行がUP。暑い時は、冷やすのも効果的。

わきの下　肌の近くに太い動脈があり、温める(冷やす)ことで体温調節が可能。

尾てい骨上　貼るカイロなどを使って温めると有効。腰痛を緩和する効果も。

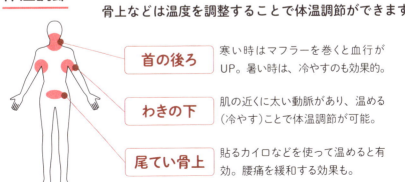

日常編

地域との繋がり

8

近所の人や趣味の仲間は日常では笑顔を生み、災害時には支えになる。

身の回りに、普段から挨拶をする顔見知りの人は何人いますか？
特に単身者、とりわけひとり暮らしの高齢者は、
地域との関わりを持つきっかけが少なく、孤立しやすい傾向にあります。
防災の備えは、ものだけでなくコミュニケーションにおいても必要です。
深い関わりを持たなくても、付き合い方ひとつで、
いざという時に助け合える仲間になるのです。

経験者の声

自分は何の準備もしておらず、多めに備蓄していたお隣さんにとても助けられた。
（東日本大震災／50代女性）

経験者の声

自分ひとりではどうにもならない。家族や近所の人との協力体制があることが防災時には一番大事。
（西日本豪雨／70代男性）

防災に繋がる交流の手段

行きつけの店でもいい。地域の誰かと関わりを持つ

近年、単身の高齢者（独居老人）が増加。地域社会との交流が希薄になり孤立した結果、孤独死に至るケースが深刻化しています。誰もが何かしらの形で地域と繋がっていることは、防災の観点に留まらず、日常生活においても必要不可欠なのです。

■シニア世代のコミュニティのつくり方

③ 何かを通して働き続ける

地域の協会・自治会のボランティアや活動に参加することも立派な仕事。自分の知識や身体を使って働くことは、生きがいにも。

ex.
- 通学路の横断歩道の旗振りをする
- 公園の花壇づくりをする

② 何かの“常連さん”になる

飲食店や美容院、病院などで交流できる存在を持つこと。人付き合いが苦手でも、顔見知りになることはできます。

ex.
- お気に入りの食堂に通う
- 美容院で指名した店員さんと話す

③ 趣味や特技を極める

テニスにフラ、将棋、絵画…、何でも構いません。自分の興味ある分野をきっかけに、楽しみながら交流を広げて。

ex.
- 趣味の交流サイトを利用する
- 公民館での講座に参加する

④ なるべく挨拶をする

挨拶をされて、嫌な気分になる人はいません。顔見知りや近所の人に自分の存在を印象づけるためにも有効です。

ex.
- 外で会ったら笑顔で挨拶する
- 家族や知人と定期的に連絡を取る

日常編

防災学習

観光をしながら被災体験を学ぶ。旅×防災のススメ。

災害に備えて、いくら万全な防災対策をしていたとしても、実際にそれを体験した人でなければわからないことはたくさんあります。そんな時とても役に立つのが、全国に点在する防災学習施設。災害の威力や恐ろしさを、よりリアルに感じることができます。被災者の教訓や学びを自分たちの防災に生かすことができる貴重な機会、次回の旅行計画に、防災学習を加えてみてはいかがでしょうか。

経験者の声

悲劇を風化させてはいけない。自分への戒めとして、もう何度も訪れている。（60代男性）

経験者の声

5歳の息子は「恐い」と泣いてしまったけど、災害について知ることは子どもにもよい勉強。（30代女性）

9

全国のおすすめ防災学習施設

仙台に行くなら

震災遺構仙台市立荒浜小学校

津波の爪痕が残るありのままの校舎

2階まで津波が押し寄せた荒浜小学校の被災した校舎を震災遺構として公開。荒井駅舎内のせんだい3.11メモリアル交流館も一緒に訪れて。

DATA

宮城県仙台市若林区荒浜字新堀端32-1
地下鉄東西線「荒井駅」よりバスで約15分
TEL 022-355-8517
月曜休、第2・4木曜休、祝日の翌日休(土日祝日は開館)
開館時間 10:00〜16:00

東京に行くなら

そなエリア東京

もしも!の生命力を養う「東京直下72h TOUR」

13.2haの広域防災公園の中にある、防災体験学習施設。震災直後の生存力をつける「東京直下72h TOUR」や「津波避難体験コーナー」などがある。

DATA

東京都江東区有明3-8-35(東京臨海広域防災公園内)
りんかい線「国際展示場」駅より徒歩約4分
TEL 03-3529-2180
月曜休(祝日の場合は火曜休)
開館時間 9:30〜17:00(防災学習施設内)

新潟に行くなら

中越メモリアル回廊

4施設3公園を車で巡り災害の知識を深める

新潟県中越大震災のメモリアル拠点である4施設3公園を結ぶ回廊。きおくみらい・そなえ館・きずな館・おらたると複数の角度から学びが得られる。

DATA

新潟県長岡市大手通2-6 2F(きおくみらい)
JR「長岡駅」より徒歩約5分
TEL 0258-39-5525
火曜休(祝日の場合はその翌日)
開館時間 10:00〜18:00

神戸に行くなら

人と防災未来センター

阪神・淡路大震災の記憶を留め次世代へ

震災の経験と教訓を伝え、防災と減災を学ぶ博物館。2館からなる展示はかなり見応えあり。4階のシアターでは特撮とCGを駆使し、当時を再現。

DATA

兵庫県神戸市中央区脇浜海岸通1-5-2
阪神電鉄「岩屋」駅、「春日野道」駅より徒歩約10分
TEL 078-262-5050
月曜休(祝日の場合は火曜休)
開館時間 9:30〜17:30(入館は16:30まで)

日常編

外出時の持ち物

普段から何気なく持ち歩くその品が被災時に運命を変える。

普段、外出時に鞄の中には何が入っていますか?
いざという時に役に立つアイテムを、きちんと持ち歩いていますか?
防災のためにと非常食や懐中電灯まで持ち歩くのはとても非効率…!
ですが、日常で無理なく持ち歩くことができて、
災害時に大いに役に立ってくれる品々はたくさんあります。
何が必要で、何が不要か、それは個人によっても異なります。

経験者の声

助かったのが手帳。情報が氾濫する中、文字を書いているだけでも心が落ち着いた。
(東日本大震災/80代男性)

経験者の声

「持たない暮らし」が流行っているが、必要なものはケチらず持っておくべき。
(北海道胆振東部地震/60代女性)

10

日常で携帯したいアイテムたち

薬

常備薬、絆創膏、目薬など

極度なストレス下におかれる被災生活に備え、常備薬の携帯を。特に持病の薬など、命に関わる薬は7日分位など、多めに持って。

食品

ペットボトル、お菓子など

食事が摂れない状況でも、水と最低限の糖分があれば、しばらくはしのげます。500mlのペットボトルと飴は、なるべく携帯を。

書類

身分証、家族の写真など

身分を証明するものがないと、被災時に身元確認がスムーズにいかない恐れも。はぐれた場合を考えて、家族の写真も忘れずに。

衛生用品

マスク、ティッシュなど

被災時には、自分の身体を衛生的に保つことが重要に。アルコールやウェットティッシュなど、除菌できるグッズがあると尚よし。

プチ防災グッズ

笛、携帯用トイレなど

もしもに備えて、必要な防災グッズの検討を。いざという時に必要な笛は、非常用バッグに眠らせるのではなく常に持ち歩くべき。

電化製品

携帯電話、充電器など

被災時には命綱となる携帯電話。スマホなら地図や電灯、ラジオにもなります。停電の可能性を踏まえ、ポータブル充電器もあると◎。

高齢者世帯は特に注意！耐震性の弱い家は数十秒で倒れます。

阪神・淡路大震災で命を落としたのは約6400人。

その死因の大半は、建物の倒壊による圧迫や外傷によるものでした。

また、被災した木造住宅の多くが旧耐震基準で建てられた家だと判明しました。

阪神・淡路大震災から20年以上が経ちましたが、全国的にみて、高齢者世帯を中心に、未だ耐震化が十分に進んでいない現状があります。

自分の家、あるいは家族や大切な人の家のこと、一度振り返ってみてください。

経験者の声
築50年の木造の自宅はあっという間に全壊。柱に潰されず生還したのは本当に奇跡だと思っている。
（阪神・淡路大震災／60代女性）

経験者の声
火災保険には入っていたが、地震保険に加入していなかったことを後悔している。
（東日本大震災／70代男性）

11

一度は確認を！　わが家の耐震診断

- □ 1981年5月以前に建てた家だ。
- □ 過去に、床上・床下浸水、火災、大地震などの災害に遭遇した。
- □ 増築を2回以上した。増築時に壁や柱などを一部撤去した。
- □ 老朽化している。白蟻の被害など不具合が発生している。
- □ 建物の平面の形がＬ字やＴ字など、複雑な平面である。
- □ 一辺が4m以上の大きな吹き抜けがある。
- □ 上階の外壁の直下に下階の内壁または外壁がない。
- □ 1階外壁の東西南北の内、壁が全くない面がある。
- □ 和瓦、洋瓦など比較的重い屋根葺材で、1階に壁が少ない。
- □ 建物の基礎が鉄筋コンクリート以外である。

➡ 3つ以上チェックが付く場合は

専門家による耐震診断を受けることをおすすめします。

■インターネットでもチェックが可能！「誰でもできるわが家の耐震診断」

日本建築防災協会が提供する「誰でもできるわが家の耐震診断」では、自宅の耐震性能の理解や知識を深めることができます。ネットで耐震診断やリーフレット購入が可能。

一般財団法人日本建築防災協会
www.kenchiku-bosai.or.jp

たとえ被災しても生活できる場所をひと部屋考えておく。

外から見たら、家は崩れていなくてホッとひと息。
でも、中に入ってみると足の踏み場もないぐちゃぐちゃなわが家…。
外観に被害はなくても、生活ができる部屋がなく
避難所や車中での被災生活を余儀なくされるパターンもあります。
全ての部屋を万全に対策することは難しくても、
ひと部屋でも、生活できるスペースを考えておくことが大切です。

経験者の声

1階が浸水。逃げることもできず、しばらくは2階で生活を続けることになった。
（関東・東北豪雨／60代女性）

経験者の声

トイレのドアが壊れて使えなくなり、家に留まることができなかった。
（新潟県中越地震／80代女性）

12

防災を考えた部屋づくり

部屋ごとに臨機応変な防災を

部屋によって役割が違うように、各部屋で心がけるべき防災術は少しずつ異なります。家の間取りをもとに、どんな備えが必要か考えてみましょう。

たとえば2LDKの集合住宅だったら…

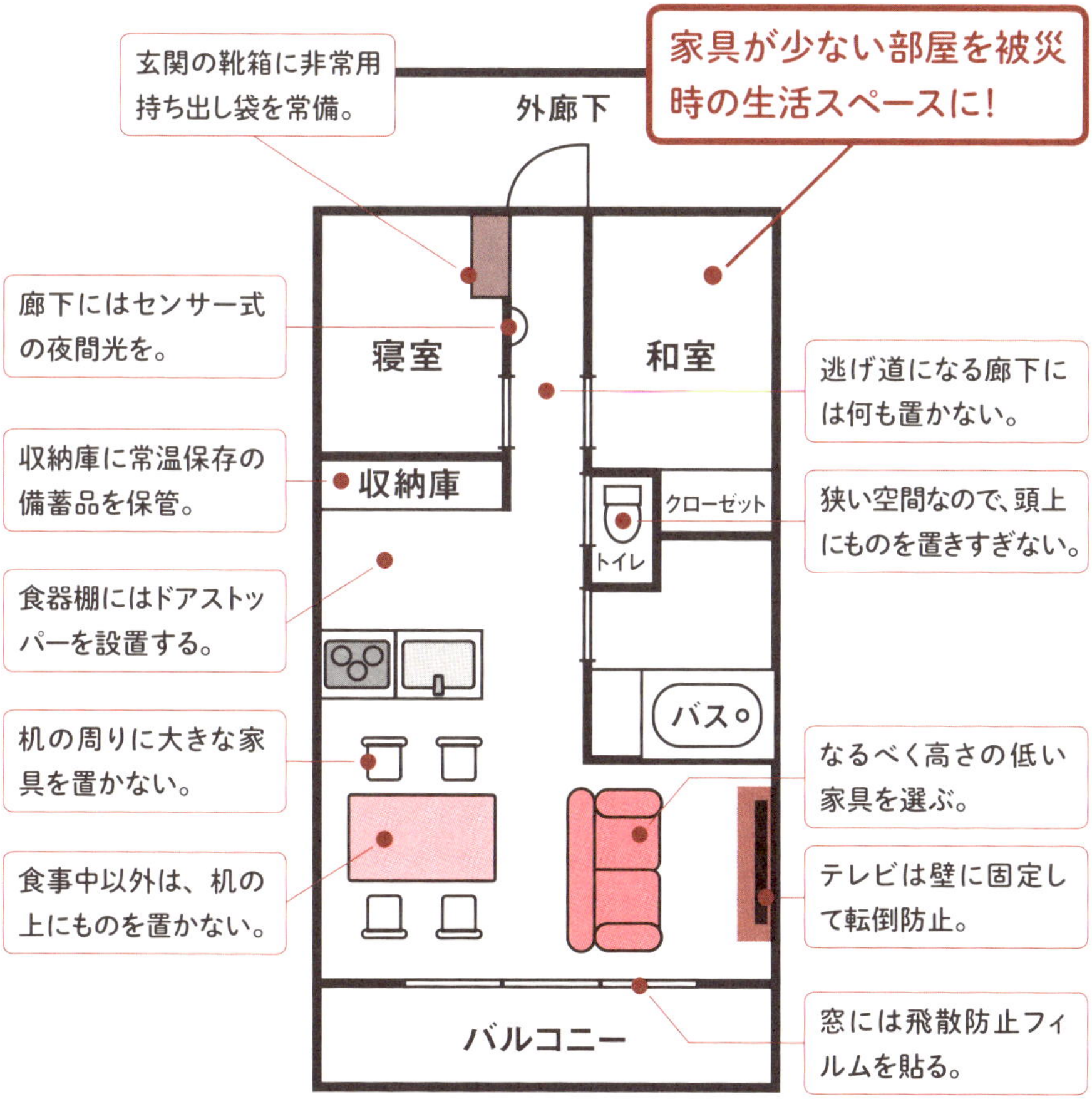

玄関の靴箱に非常用持ち出し袋を常備。
外廊下
家具が少ない部屋を被災時の生活スペースに！
廊下にはセンサー式の夜間光を。
寝室
和室
逃げ道になる廊下には何も置かない。
収納庫に常温保存の備蓄品を保管。
収納庫
クローゼット
トイレ
狭い空間なので、頭上にものを置きすぎない。
食器棚にはドアストッパーを設置する。
バス
机の周りに大きな家具を置かない。
なるべく高さの低い家具を選ぶ。
食事中以外は、机の上にものを置かない。
テレビは壁に固定して転倒防止。
バルコニー
窓には飛散防止フィルムを貼る。

13

無防備状態の睡眠中はすぐに行動に移せない。寝室の防災対策は念入りに。

人生の3分の1は、睡眠で占めていると言われています。寝ている最中はとても無防備な状態です。

そして、睡眠中に起きる災害は心構えができないためとっさに正しい行動を取ることが難しく、より危険度が高くなります。

だからこそ、寝室で起こりうるリスクをきちんと理解して安全対策を怠らないことが、生き抜くためには必要です。

経験者の声
午前3時で完全に寝ぼけていて、何が何だかわからなかった。
（北海道胆振東部地震／70代女性）

経験者の声
1階はぺしゃんこだった。寝室が2階だったことが不幸中の幸い。
（阪神・淡路大震災／50代男性）

寝室の防災対策GOOD&BAD

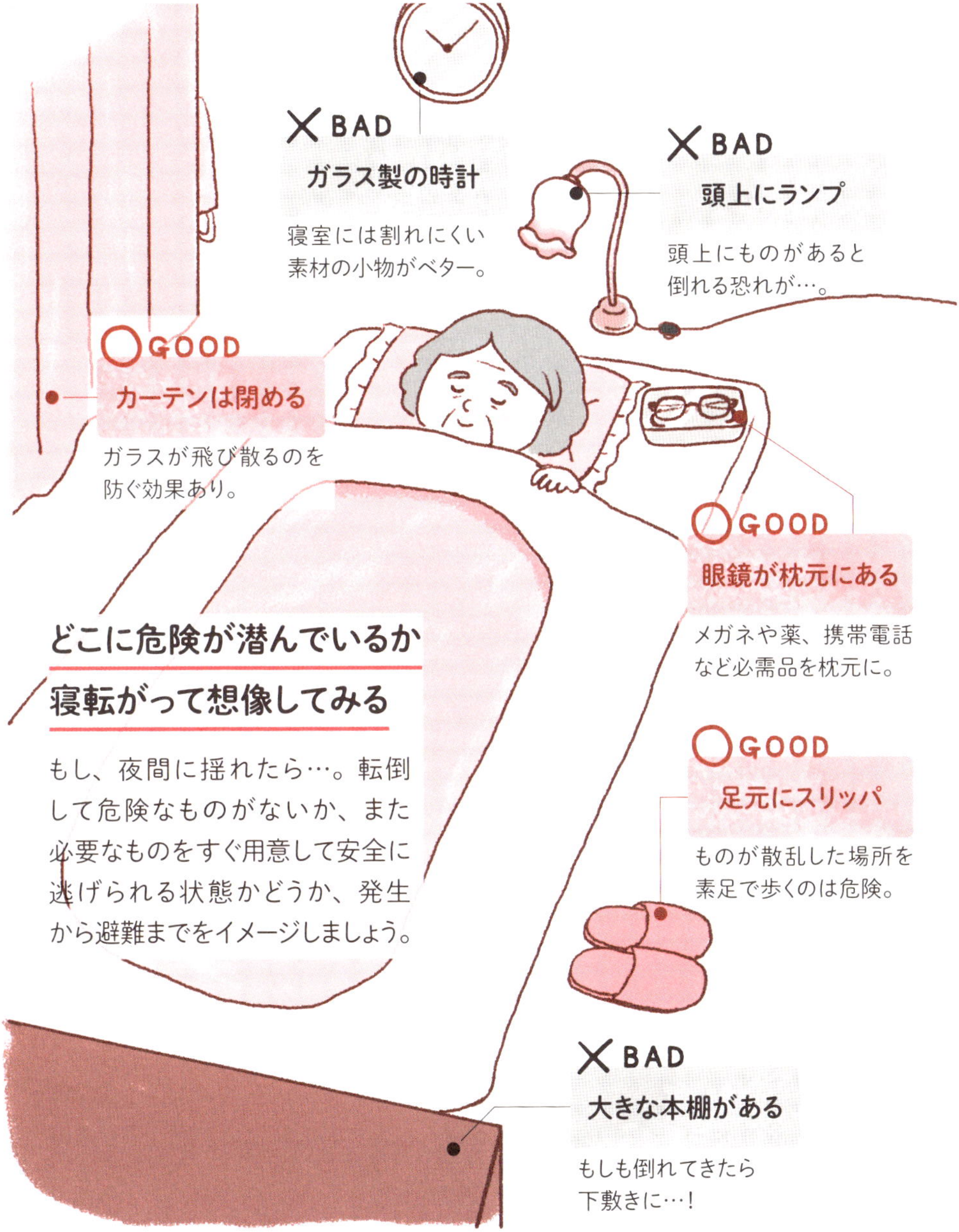

×BAD
ガラス製の時計
寝室には割れにくい
素材の小物がベター。

×BAD
頭上にランプ
頭上にものがあると
倒れる恐れが…。

〇GOOD
カーテンは閉める
ガラスが飛び散るのを
防ぐ効果あり。

〇GOOD
眼鏡が枕元にある
メガネや薬、携帯電話
など必需品を枕元に。

どこに危険が潜んでいるか 寝転がって想像してみる

もし、夜間に揺れたら…。転倒して危険なものがないか、また必要なものをすぐ用意して安全に逃げられる状態かどうか、発生から避難までをイメージしましょう。

〇GOOD
足元にスリッパ
ものが散乱した場所を
素足で歩くのは危険。

×BAD
大きな本棚がある
もしも倒れてきたら
下敷きに…！

事前準備編

整理整頓

タンスの上の段ボール、落ちてきたらどうなる…？「もしも」を想定した収納を。

14

もったいなくて捨てられない家具、掃除が面倒で室内に溢れた雑貨たち…、外観の耐震や備蓄品に気をとられて、片づけることを忘れてはいませんか？また、ぱっと見は片づいているように見えていたとしても、災害を想定した収納ができていないと、いざという時にとても危険です。防災の原点にあるのは、日常での整理整頓。不要なものは処分し、安全で快適な住空間をキープしましょう。

経験者の声

高さ1mの棚の上にあったテレビが足を直撃し打撲。危うく骨折するところだった。
（阪神・淡路大震災／70代男性）

危険な「ダメ収納」、していませんか？

ダメ！ ✕ 出入り口付近に家具がある

避難経路を塞ぐ危険なものは回避！

室内の防災で一番大切なのが、避難経路の確保。特に単身向け住宅の玄関はコンパクトな場合も。出入り口を塞ぐ恐れのある家具を置いてはいけません。

ダメ！ ✕ 調理器具が出しっ放しに…

使い終わったらすぐしまうこと！

キッチンには危険がいっぱい。包丁や鍋などが飛んできたら、大きな事故に繋がります。

ダメ！ ✕ 本棚の一番上に分厚い図鑑がある

重いものは下、軽いものは上に

図鑑や花瓶など、重いものや割れやすいものはなるべく地面に近い場所に。落ちて身体に当たったとしても、危険性の少ないものを上段に置きましょう。

ダメ！ ✕ タンスや戸棚に何も対策していない

最適な防災グッズを全ての家具に使う！

戸棚用のストッパー、タンス用の突っ張り棒、キャスターつき家具用の下皿などを有効活用。

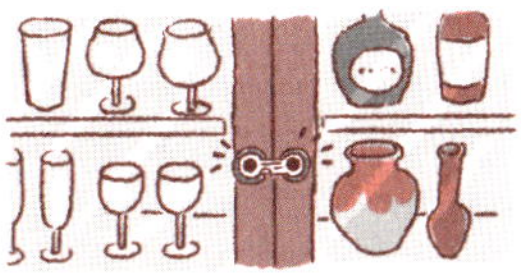

ダメ！ ✕ 地面にものが散らばっている

緊急時には困った障害物に！

ものが散乱した床の上にさらに落ちてきたものが重なり、大惨事になりかねません。夜間に震災があり停電になった場合、小さな雑貨たちも大きな障害に…。

ダメ！ ✕ 同じ大きさの食器を高く積み上げている

重ね方ひとつで、揺れに強くなる！

食器は高く積み上げず、下から中・大・小の順に重ねることで、揺れに強くなり落下防止に。

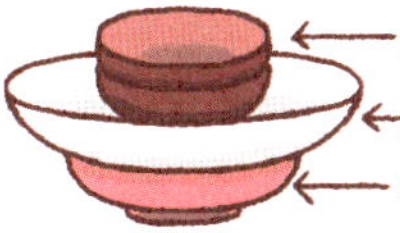

マニュアルに頼らない。「生きるための避難」で本当に必要なものは?

15

もしもに備えて、防災用バッグを用意しておく心がけは大切です。
しかし「用意さえすればひと安心」という考えはかえって危険です。
あなたが備えた荷物の中身は、いざという時きちんと役に立つものでしょうか。
被災時に必要なものは、個人によって少しずつ異なります。
防災マニュアルに頼ってばかりではなく、
必要なもの、不要なものを自分の頭で考えることが大切です。

経験者の声
非常用持出袋に笛を入れていたが、用途を考えると常に携帯すべきだった。
(東日本大震災/70代男性)

災害時に必要なものを考えよう

その非常用バッグ、本当に必要？
使うシーンを想像して備える

被災時に必要な荷物は、避難時の非常用バッグと、被災生活を続ける上で必要な備蓄品を分けて考えるとわかりやすいです。ただし、身の危険が目前に迫っている場合は、必需品だけを持ってとにかく避難！

非常用バッグ

被災直後、1～2日の不便な生活を乗り切るための荷物。1泊の旅行用バッグの延長として考えて。

備え場所 自宅の玄関や車中など

内容例 最低限の衣類や食料、充電器、懐中電灯、歯ブラシ、小銭、乾電池、ブランケット、杖など

必需品

危険が間近に迫っている時、命の次に必要なもの。

備え場所 すぐ出せる場所(外出時はなるべく携帯)

内容例 お金、身分証、常備薬、お薬手帳など

備蓄品

ライフラインが停止する中、被災生活を続けていく上で必要な食品や日用品。

備え場所
収納庫などの冷暗所

内容例
P44を参照

食べたいものや必要な備蓄品は季節によって異なる。

災害時は、電気・水道・ガスなどのライフラインが止まることで、買い物ができなくなり、必要な物資が手に入らなくなる恐れも。

そんな状況で生活するためにも、食品や生活用品の備蓄は不可欠です。

とはいえひとり暮らしの人や高齢者が、備蓄を続けるのは少し大変…。

そこで、そんな人へ定期的に備蓄品をプレゼントするのはいかがでしょうか。

消費期限が来たら使えばよいだけなので、無駄にもならず喜ばれます。

経験者の声
カップ麺を持っていたが、お湯を沸かす手段や水がなく、役に立たなかった。
（熊本地震／60代男性）

経験者の声
一番困ったのは水の確保。飲み水も生活用水も不足していた。
（阪神・淡路大震災／50代女性）

16

何を、どうやって備蓄する？

自分が実践しやすい方法で 備蓄品を切らさない工夫を

備蓄品は消費期限の管理が大切。無理せずできる備蓄の方法として、普段から使うものを少し多めに備える日常備蓄はおすすめ。日常備蓄でも、まとめ買いでも、防災の備蓄は自分のやりやすい方法が一番です。

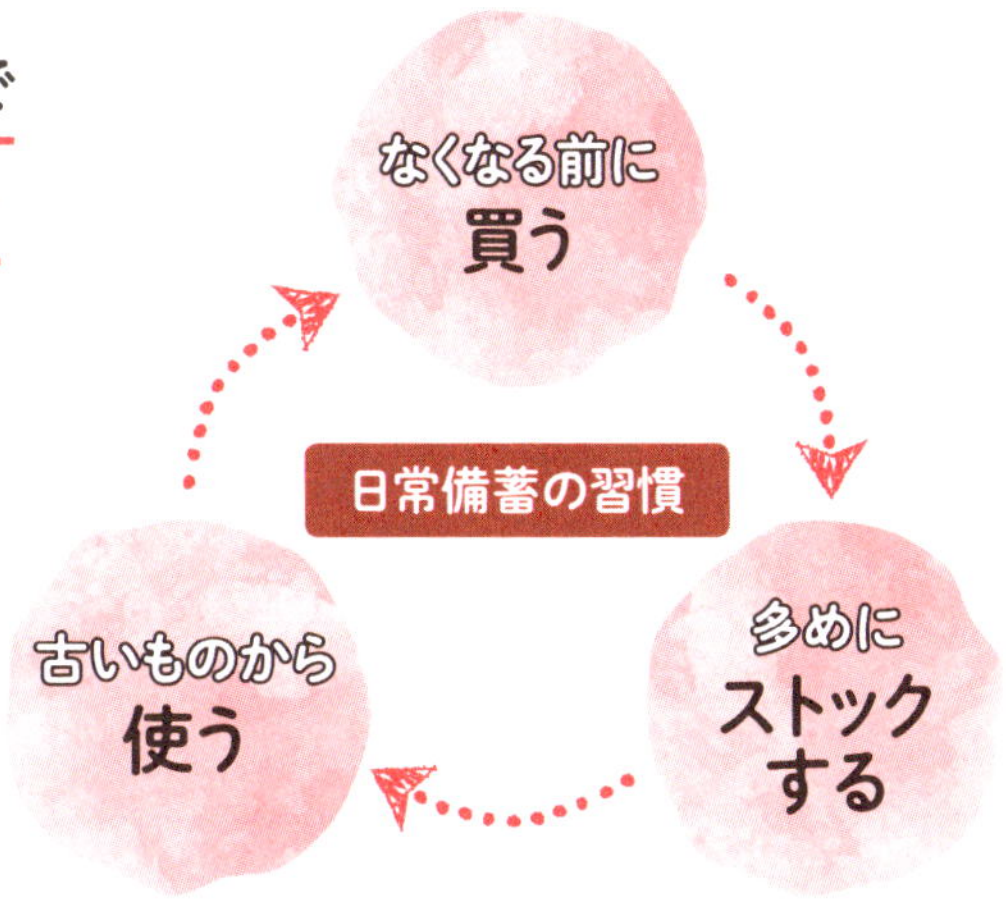

■備蓄しておくものを考える

食品・飲料品 食べたいものは季節で変わります！

食料に関しては、最低3日分を目安に。季節によって食べたいと感じる食事は変わるので、夏と冬で見直しを。主食に加え、タンパク質が摂れる缶詰やかまぼこ、野菜ジュースなどが便利です。温かい食事を摂る工夫も忘れずに（P86）。

ex.
水（ペットボトル）、主食（無洗米、即席麺など）、主菜（缶詰、チーズ、かまぼこなど）、お菓子、野菜ジュース

アルファ化米に野菜ジュースを加えるとおいしく食べられます！

生活用品 「これしかダメ」なアイテムは特に多めに！

被災生活では、シニアは特に衛生面への注意が欠かせません。ラップやポリ袋などの生活用品に加えて、トイレットペーパーや消毒スプレーなどの衛生用品をしっかり用意。薬や化粧水など、自分に合うものが決まっているアイテムは多めに。

ex.
ポリ袋、ラップ、ペーパー（ティッシュ、トイレット）、除菌ティッシュ、カイロ、乾電池、常備薬（処方薬）、入れ歯洗浄剤、携帯用トイレ

事前準備編

家族との決め事

毎月2回は開局される災害用伝言ダイヤルを試しに1回使ってみる。

自分の身の安全を図った後、真っ先に知りたいのが家族の安否。しかし、被災直後は電話回線が混み合ったり、携帯会社の基地局が停電して、連絡が取り合えない事態が発生する可能性が大。

そうなった場合を想定し、安否確認の方法を事前に決めておきましょう。毎月1・15日に開局される災害用伝言ダイヤルや災害用伝言板などは、家族間で試しにテストしておくことを強くおすすめします！

経験者の声

電話は不通だったが、SNSは機能していた。ツイッターで友人と連絡を取り合った。

（東日本大震災／60代女性）

経験者の声

知人が、「○×の避難所に息子がいる」というウェブ伝言板の書き込みがあったのを教えてくれた。

（北海道胆振東部地震／80代男性）

17

家族で決めておきたいこと

場所　どこへどの道で行くのか

避難所などは大人数が集結するので、合流するポイントを具体的に。集合場所だけでなく、避難する道筋も共有を。

時間　いつ待ち合わせるのか

被災直後、すぐに集合場所まで向かえない可能性も。午前と午後で待ち合わせるタイミングを2回設けるとベター。

連絡　何を使って連絡するのか

連絡手段は優先順位をつけて、複数決めておくことが大切。普段から出かける時は行き先を伝える習慣をつけて。

わが家の防災ルール

場所
日の出第一小学校の鉄棒前

時間
10時と17時に15分間待つ

連絡法
①ヒロシの会社
　00－0000－0000
②171に伝言を残す
③遠方の叔父に連絡

■ **電話が使えなくなったら…**

災害時に電話が繋がらなくても、SNSやショートメールが機能している場合があります。また、災害用伝言ダイヤル（171）や災害用伝言版（web171）は災害時にとても有効。伝言版や一般企業などの安否情報をネットで一括検索できる「J-anpi」も便利です。

171は災害時を想定した専用ダイヤルだからとても繋がりやすい！

171の録音＆再生方法

「171」にダイヤル
▼
録音は「1」、再生は「2」を押す
▼
相手の電話番号を押す
▼
「1」を押す
▼
録音か再生が始まる（9で終了）

事前準備編

正常性バイアス

「何とかなる」という長年の経験と自信が災害時には命取りになる。

福岡県・大分県を中心に襲った平成29年7月九州北部豪雨や岡山県倉敷市に甚大な被害を及ぼした平成30年7月豪雨。深刻な風水害によって命を落とした被害者のほとんどが、特別警報があったのに、避難行動を取っていませんでした。「今まで危険な目にあったことはない、だから今回も大丈夫」そんな根拠のない思い込みが、災害時には命取りになります。

経験者の声

部屋に流れてきた水で目が覚めた。自宅を出て避難する方が、かえって危険だと思っていた。（西日本豪雨／70代男性）

経験者の声

家族から「避難しろ」という電話がなかったら、家に残っていたかもしれない…。（九州北部豪雨／80代女性）

18

正常性バイアスはとても危険!?

『自分だけは大丈夫』と思う心理は本能!?

人間は、自分に都合の悪い情報を無視したり、過小評価する心理を生まれつき持っています。これを「正常性バイアス」と言います。災害時にはこの心理が働くことを知っておくこと、そして声を掛け合って皆が避難行動を取れるように備えることが不可欠です。

■岡山県真備町の被災者インタビュー

Q どうして避難しなかったのですか?

A 今まで災害を経験したことがなかったから

A 2階に逃げれば大丈夫だと思ったから

A 外の方が危険だと思ったから

CASE STUDY

児童全員が無事避難!
「釜石の奇跡」が起きた理由

東日本大震災の時、岩手県釜石市内の小·中学生約3,000名は、ほぼ全員が津波の被害を免れました。「釜石の奇跡」と呼ばれるこの事実は、防災教育の賜物であり、正常性バイアスに惑わされない柔軟な子どもの思考によるものでした。

避難場所までの道。車椅子だったとしても行くことができますか?

普段、何気なく歩いている見慣れた道。
しかし災害時には、その風景が一変してしまうかもしれません。
避難場所や避難所までの道のりを想像してみてください。
そこに、どのような障害や危険が潜んでいるでしょうか。
また、配慮が必要な高齢者を連れて歩くことはできそうでしょうか。
避難する場所だけではなく、避難経路もきちんと考えておきましょう。

経験者の声
母親を連れて避難するのが大変だった。家に車椅子があればよかった。
(熊本地震/50代男性)

経験者の声
旅行中に被災。土地勘がなく、避難所まで向かうのに困ってしまった。
(阪神・淡路大震災/70代女性)

19

場所だけでなく、避難経路も確認を

避難経路の途中に潜む さまざまなリスクを考える

自分の住む町の避難場所や避難所は、市町村の役所やそのHPからも情報入手できますが、Yahoo! JAPANが提供する「避難場所マップ」でも確認が可能。避難経路は、誰と逃げるのかによっても、選ぶ道の選択が変わります。

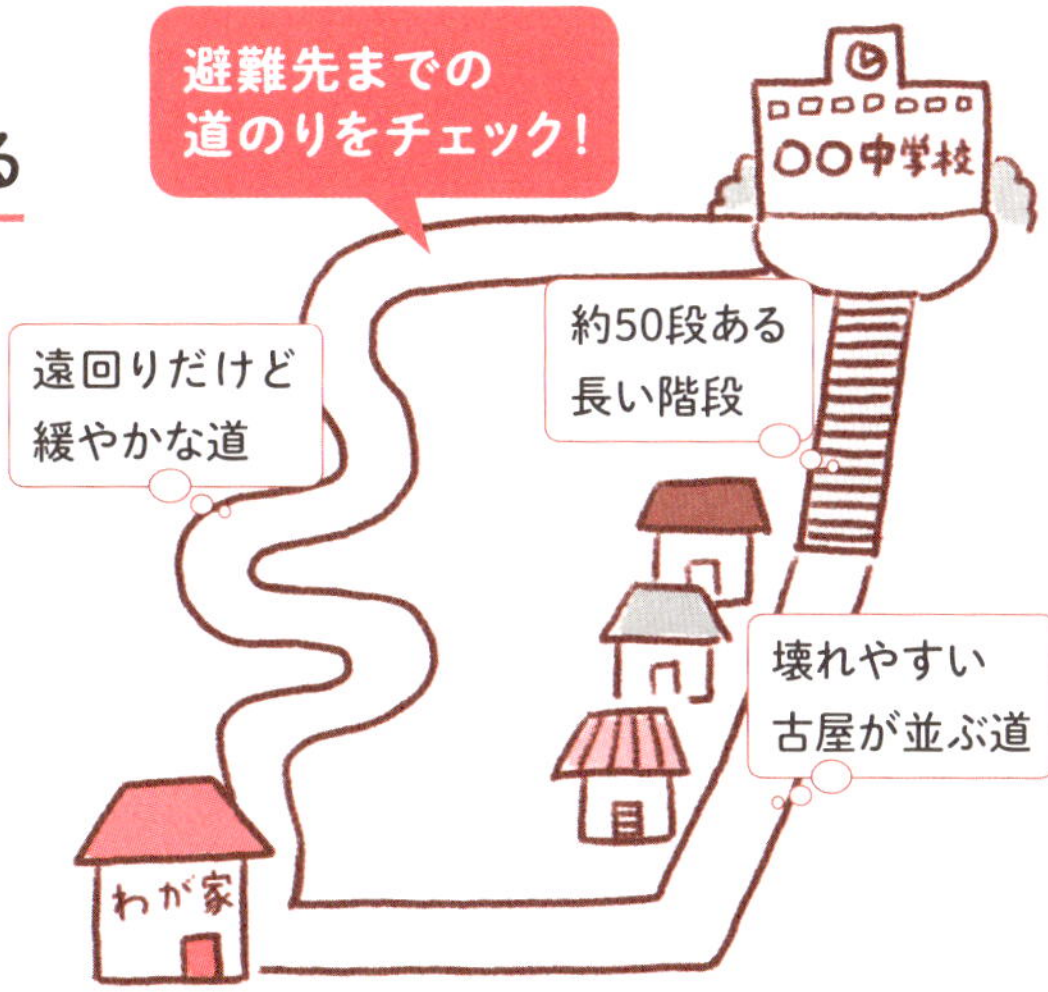

■避難場所と避難所はどう違う!?

避難場所は、災害の発生や、その恐れがある場合に一時的に避難する場所（公園、広場など）。一方で避難所は、災害により住宅への被害の危険が予想される場合に、生活をするための場所（学校、市役所など）を指します。

＋STUDY

被害予測が学べる J-SHISをチェック

避難場所や避難所と合わせて知っておきたいのが、地盤についての情報。J-SHIS（地震ハザードステーション）のHPでは、将来日本で発生する恐れのある震災の地震動予測地図や今いる場所の断層情報を細かく知ることができます。

www.j-shis.bosai.go.jp

もし今揺れたとしたら…。想像することで危険が見えてくる。

20

大きな看板、コンクリート製の電柱、ガラスのショーウィンドウ。災害が起こった時、もし落ちたり倒れたりしてきたら…。何気なく過ごしている街中には、たくさんの危険が潜んでいます。「もしも、今ここで地震が起きたらどうなるだろうか?」と普段から危険をシミュレーションする癖をつけることで、とっさに正しい判断をする力を養うことができます。

経験者の声
飲み屋にいたら突然強い揺れに遭遇。酒のボトルやグラスが割れる音が凄まじかった。
(熊本地震/70代男性)

経験者の声
道路にはガラス片が散乱。もし地震の時、ここを歩いていたらと思うとゾッとした。
(阪神・淡路大震災/60代女性)

外出先で“もしも”を想像する

確認すべきはこの3点！

外出先では転倒や落下の危険がある障害物と、身を守れそうな場所を同時に確認しましょう。

転倒・落下物 × 身を守る場所 × 避難ルート

カフェにいたなら

非常口は店内奥にある！
シャンデリアが落ちてくるかも…
隠れるスペースは十分にある？

人が集まる場所では非常時にパニックを起こしやすい傾向にあります。席に着く前に、非常口を確認しておきましょう。

犬の散歩中なら

ブロック塀が崩れるかも…
メトロ
ガラスや看板が落ちるかも…
○○商店
自転車が倒れてくるかも…

発生時は建物から離れ、電柱や車などに注意しながら道の真ん中へ。駐車場など障害物が少ない空地への避難も有効。

21

風水害は予測ができる。これが震災との決定的な違いです！

震災も風水害も、とても恐ろしい脅威であることには変わりありません。
しかしながら、この2つの災害には決定的な違いがあります。
それは、大規模地震はいつ発生するのかがわからないのに対し、
大規模水害は、事前に予測できる可能性が高いということ。
震災の場合は、起こってからの「事後避難」が重要になるのに対し、
風水害は、いち早く安全な場所へ移動する「事前避難」が重要になります。

経験者の声
避難勧告が出たので近所で声をかけ合った。ひとり暮らしの高齢者も無事避難できて安心。
（西日本豪雨／50代女性）

経験者の声
防災無線が聞き取りづらかった。避難ルートや避難先の伝達も不十分に感じた。
（関東・東北豪雨／60代男性）

風水害時のハザードマップと警報

ハザードマップを使って地域の水害リスクを把握!

歴史的に何度も災害を繰り返した土地は、また災害が発生する可能性も。自分の住む地域の災害リスクを確認するのに役立つのが、ハザードマップです。各市町村の窓口やHPでも情報を入手できる他、国土交通省のポータルサイトでは災害種別に情報が公開されています。

提供：国土交通省(ハザードマップポータルサイト)
https://disaportal.gsi.go.jp/index.html

シニア世代はここで逃げる!積極的に声がけを!!

■市町村からの避難情報

予測が可能な風水害では、災害時に自分自身が取るべき防災行動を時系列に整理した「マイタイムライン」を考えておくことが大切です。

避難準備・高齢者等避難開始

避難勧告や避難指示(緊急)の発令が予想される場合。避難に時間を要する人とその支援者は避難を開始する必要があります。

避難勧告

災害による被害が予想され、人的被害が発生する可能性が高まった場合。速やかに避難を。外出が難しい場合は、自宅内のより安全な場所へ。

避難指示(緊急)

実際に災害が発生するなど状況がさらに悪化し、人的被害が発生する危険性が非常に高まった場合。早急に避難場所へ避難を。

第一に事前避難。避難後は絶対に安全な場所から離れない。

22

鬼怒川の堤防が決壊し、7000棟以上が全半壊した平成27年9月の関東・東北豪雨。岡山県倉敷市を中心に、平成で最悪の豪雨災害とされた平成30年の西日本豪雨。震災に限らず甚大な被害を及ぼす風水害が、各地で猛威をふるっています。

近年、日本に限らず世界的にも大規模水害が多発しており、地球温暖化の影響で、大雨の頻度の増加や海面水位の上昇などが懸念される予測も。

「水害は今後さらに深刻化する」と心得て、来たる災害に備えましょう。

経験者の声

鬼怒川の堤防が決壊した時、意外にも雨が降っていなかった。そのせいで油断していた。
（関東・東北豪雨／50代女性）

風水害の被害はさまざま

台風、豪雨などを歯切りに多様に広がる風水害

水害の原因は、主に台風や集中豪雨によって起きる、大量の降雨によるものです。その結果、河川の上流で降った雨により水位が上がって起こる「外水氾濫」や下水道の処理能力を上回り排水ができなくなる「内水氾濫」などが発生し、被害が深刻化していきます。

■気象情報は正しい認識を！

注意報　大雨、洪水、暴風などによって災害が発生する恐れがある場合に発表。

↓

警報　注意報の段階から、さらに重大な災害が発生する恐れがある場合に発表。

↓

特別警報　数十年に一度の大雨、浸水･土砂災害などの危険性が非常に高まった場合。

23

震度6以上の揺れだと逃げることはまず不可能。その場で身の安全を図る。

地震が発生した時は、どこにいても第一に、身の安全を図ること。「まず低く、頭を守り、動かない」の3ステップを行います。この動作を身につけるための訓練を「*シェイクアウト」と言います。シェイクアウトは２００８年からはじまった米国発祥の地震防災訓練。２０１２年には初の日本版シェイクアウトが千代田区で実施され、２０１８年は、国内の６００万人以上の人たちが、訓練に参加登録しました。

経験者の声

職場で被災した。震度6だったが、何とか机の下に潜るくらいの余裕しかなかった。（50代男性／東日本大震災）

＊シェイクアウトは、日本シェイクアウト提唱会議が広めている地震の際の安全確保行動の機会です。

命を守るシェイクアウトの3ステップ

DROP!

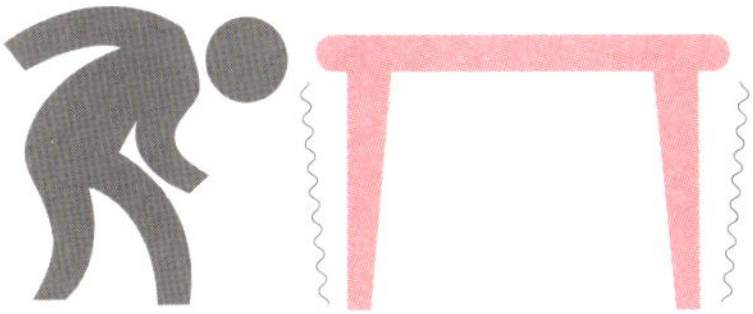

まず低く!

緊急地震速報などを確認したら、
安全な場所へ移動して姿勢を低くします。

COVER!

頭を守り!

テーブルなどがあれば下へ潜ります。
なければ鞄などで頭を守ります。

HOLD ON!

動かない!

テーブルの足などにしっかりとつかまり、
揺れが収まるまで動かないように。

■揺れが収まったら…

- 火元を確認し、火の始末をする
- ドアや窓を開けて出口を確保する
- (野外なら)ガラスや塀から離れる

24

震災での怪我の大半は室内で起きている。身を守ることが最優先。

一般的に、地震はP波と呼ばれる初期微動の後、S波という強い揺れになります。
大地震から身を守るために必要なのは、P波の時点ですぐに行動に移すこと。
家具の転倒やガラスの破損…、家の中には危険がたくさん潜んでいます。
また、室内のどの部屋で遭遇するかによって、危険度は異なります。
大地震の怪我の多くは、実は室内で起きているというデータも。
どの部屋が一番安全か、自分の家の場合に置き換えて考えましょう。

経験者の声
勝手口のドアを開けようとしたが、冷蔵庫や食器棚が倒れて、身動きが取れなくなった。
（新潟県中越地震／60代女性）

経験者の声
トイレのドアが壊れ、閉じ込められた。もし近所の人に気づかれなかったらダメだったかも…。
（熊本地震／80代男性）

揺れを感じたら…自宅編

キッチンなら
なるべくその場から離れる

落下物や転倒物が多く、室内での危険度はトップクラス。火の元は無理して消さず、なるべくすぐ離れて身の安全を確保すること。

バス・トイレなら
一箇所しかない出口を確保!

狭い空間で、閉じ込められる可能性の高い場所。出口がひとつしかない場合が多いので、揺れを感じたらすぐにドアを開けること。

2階なら
降りない方がよい場合も

耐震性の弱い家や木造住宅の場合は、2階の方が生存率は高いというデータも。1階に降りる際に、慌てて転倒するリスクはあります。

ベランダなら
崩壊の危険あり、室内へ

古いアパートや集合住宅なら、ベランダごと崩れる恐れも。揺れを感じたら室内へ避難し、大きい揺れの前に窓からなるべく離れて。

リビングなら
可能であれば玄関へ

机の下が一般的ですが、倒壊の危険を踏まえると、できれば玄関へ。転倒物や窓が少なく出口が近いので、玄関付近は比較的安全。

寝室なら
布団や枕で頭を守って

窓ガラスの破片や家具の落下に気をつけながら、布団や枕で頭と身体を保護。日頃から寝室の防災対策(P38)を怠らないこと。

外出先で地震が起きたら

出先の環境はさまざま。自宅以上に状況ごとの応用力が問われる。

日本人が自宅にいる時間は、1日平均16時間程度と言われています。つまり30％以上の確率で、外出中に被災する可能性があるということ。自宅でしっかり防災対策や備えを行っていたとしても、買い物中や仕事中、旅行中に大地震に遭遇する恐れもあるのです。人の多いところは、災害時にはパニックが起きやすくなります。慌てず、その場にあった身の安全の確保に努めましょう。

経験者の声

商店街で被災。揺れも恐かったが、パニック状態の人々の方が恐かった。
（東日本大震災／50代女性）

経験者の声

エレベーターに閉じ込められた。救助が来るまで約2時間も待機した。
（阪神・淡路大震災／70代男性）

25

揺れを感じたら…外出先編

エレベーターなら
全階のボタンを押す

揺れを感じたら全ての行き先階のボタンを押し、止まった階で降りて非常階段から脱出。閉じ込められたら、焦らず救助を待つように。

車の運転中なら
おさまるまで車内待機

急ブレーキはかけず、ハザードランプをつけて減速。車内で情報を確認し、離れる必要がある場合はキーは挿したままで車検証を持って避難。

電車内なら
緊急停車時の転倒に注意

強い揺れを感知すると急ブレーキで緊急停車するため、つり革や手すりなどにつかまって転倒防止を。落ち着いて、車内放送に耳を傾けて。

地下なら
耐震性はあるので冷静に

地下街や地下鉄の構内は耐震性があり、地上よりも安全な場合も。大勢の人がパニックに陥る危険性が高いので、何よりも落ち着くこと。

スーパーなら
棚から離れてカゴで保護

商品が凶器になる危険性大。なるべく広い場所や大きな柱のある場所へ避難し、買い物カゴや鞄を被って頭を守りましょう。

高層階なら
大きく揺れるので低姿勢に

上層階になるほど揺れは大きくなります。エレベーターホールなど、なるべく広い場所で姿勢を低くして地震が収まるのを待つこと。

揺れたら終わりじゃない！最も恐ろしい二次災害地震火災のリスク。

津波、地割れ、液状化現象…。地震では、さまざまな二次災害が発生します。二次災害の中でも、最も代表的なものが地震火災です。100年近く前の関東大震災では、木造住宅が密集する地域で火災が広まり、日本の災害で最悪となる10万人以上の死者・行方不明者を出した歴史もあります。阪神・淡路大震災でも、暖房器具からの引火が顕著に見られました。恐ろしい地震火災ですが、日頃の意識によってそのリスクは抑えられます。

26

経験者の声

どこもかしこも赤い炎だらけ。消火する以前に、ただ逃げることしかできなかった。
（阪神・淡路大震災／80代男性）

地震火災から身を守るために

冬場は特に危ない！電気による出火を防ぐ

火災というと、台所からの出火のイメージが強いかもしれません。しかし、実は地震火災の一番の原因は、「暖房器具の転倒」や「通電火災」など、電気器具による出火です。特に、通電火災は停電後に電気が復旧した際に破損した電気コードなどから発生することも。避難時、ブレーカーを落とすことを忘れずに。

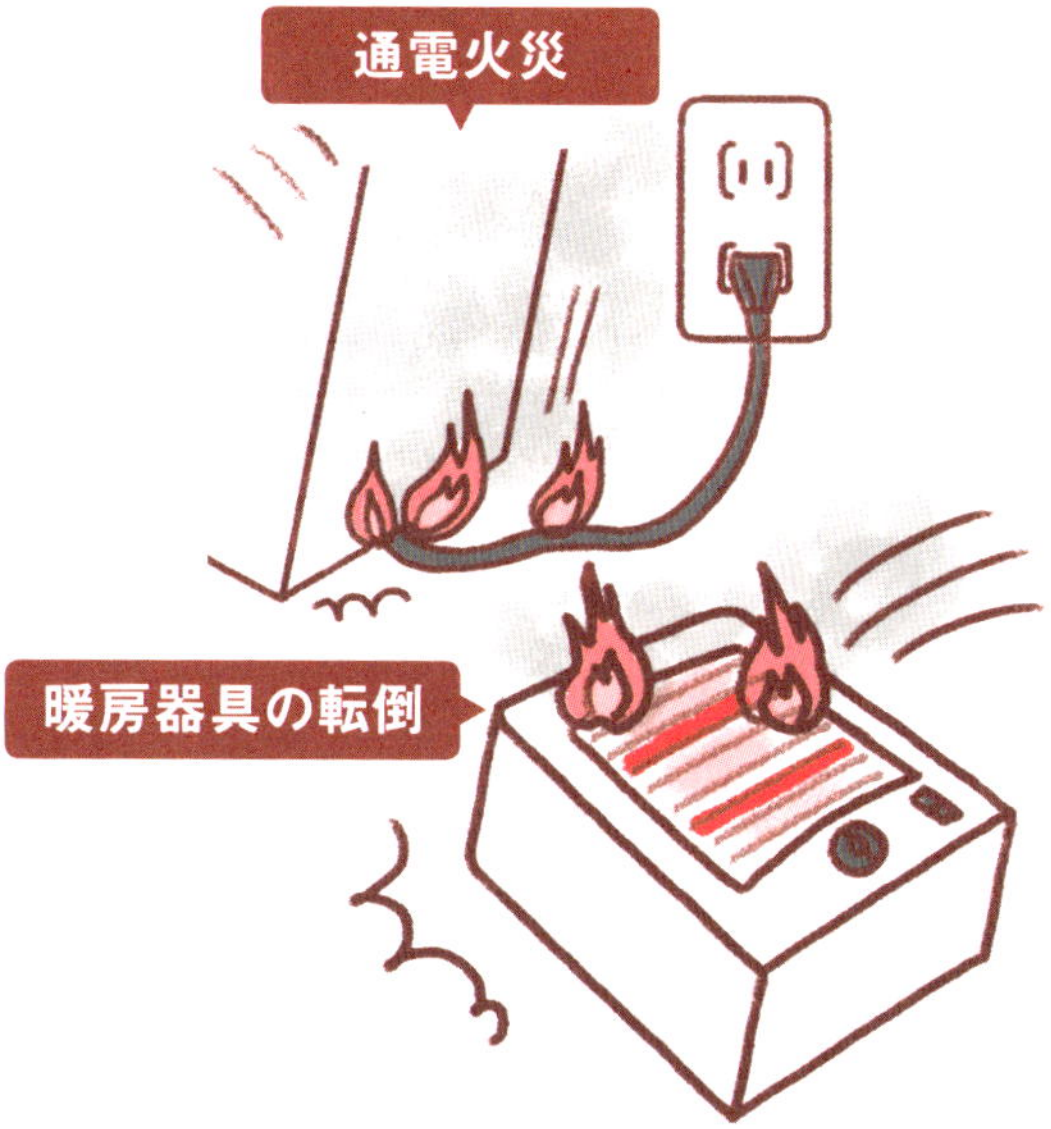

■日常でできる防災対策

・電化製品の周りに可燃物を置かない
・家具などで電気コードを踏ませない
・ブレーカーの位置を確認しておく
・家庭用の消火器を常備しておく
・カーテンや布団などに、
　防炎品を使用する

CASE STUDY

奇跡的!? 熊本地震では通電火災が0件だった

熊本地震では、地震が原因となった火災は十数件発生しました。しかし、その中で通電火災は1件もありませんでした。暖房器具が不要な季節だったことに加え、阪神・淡路大震災の教訓を生かし慎重に通電作業が行われたこと、そして台風の多い九州では、災害時にブレーカーを落とすように呼びかけが積極的になされていたことも功を奏したとされています。

27

上方向へ逃げるのか、横方向へ逃げるのか。風水害はその選択が要。

風水害の事前避難の方法には、主に水平避難と垂直避難があります。水平避難は、今いる場所から離れてより安全な場所へ避難すること、垂直避難は、同じ建物内で上層階へ避難することです。どちらの避難がよいのかは、環境や個人の状況によって異なります。被害者の中には、たった1階分を上がりきれず、命を落とした人もいます。わずかでも身の危険を感じたら、速やかに避難を開始しましょう。

経験者の声
病院で働いていた。一時的に患者さんには上層階に移動してもらった。
（西日本豪雨／50代女性）

経験者の声
荷物をまとめる時間なんてないと思った。通帳と薬だけを持って飛び逃げた。
（関東・東北豪雨／60代男性）

風水害の避難行動2パターン

垂直避難

近隣のビルや施設の上層階など
より高い場所への避難。

メリット

- 避難にかかる労力が少ない
- 建物内での安否確認はしやすい

デメリット

- 災害発生中に不安を感じる
- 近隣の状況がわかりにくい
- 建物ごと被害に遭う危険性
（最悪な場合、水が引くまで移動できない）

水平避難

避難所や集会所、知人宅など
より離れた場所への避難。

メリット

- 避難後の不安が少ない
- 避難時に周囲が見渡せる
- 避難後は比較的安全

デメリット

- 避難にかかる労力が大きい
- 避難中に被害に遭う危険性
- 慣れない環境へのストレス

+ STUDY

近い将来、普及してほしい「広域避難」という考え方

水平避難の延長に、より安全な遠方まで移動する広域避難があります。風水害の被害は震災よりも局地的に発生することが多く、「被災地の外は平穏な状態」ということも少なくありません。直前の避難では、高齢者が逃げ遅れてしまうリスクは高まります。交通機関が機能しているなら、危険を想定して事前に広域避難するのが最善策と言えます。

28 油断は禁物。地震や台風以外にも起こりうる多数の災害。

災害には、局地災害（点の災害）と広域災害（面の災害）があります。火災や竜巻、落雷など、ごく限られた場所で起こるのが「点」の局地災害、震災や雪害など、地域全体が被災するのが「面」の広域災害です。局地災害か広域災害かを大まかに捉えることは、災害対応の手助けになります。日本各地に起こりうる災害は、震災や水害だけには留まりません。幅広く、自然災害の知識と装備を蓄えておくことが理想です。

経験者の声

37年ぶりの大雪。小屋の除雪作業中に、転落して骨折してしまった。
（北陸豪雪／70代男性）

震災、風水害以外の自然災害

局地災害
点の災害

局地災害では、近隣のライフラインや医療機関は機能している場合が多く、支援が迅速に行き渡る可能性は高くなります。

落雷

落雷事故死の大半を占めているのがグラウンドなどの広大な場所や、木の下での被災。雷雲を見つけたら建物や乗り物に避難を。

起きたら…
- 樹木などに近づかない
- グラウンドなどは危険！
- 電柱から距離を置く

竜巻

季節を問わないが、特に9～10月の台風シーズンは発生率が増加。竜巻の中心部は猛烈な風が吹き、大きな被害を及ぼします。

起きたら…
- 野外なら頑丈な建物の中へ
- 窓からなるべく離れる
- 地下施設の方が安全

広域災害
面の災害

広域災害では、地域全体が被災するため、ライフラインや医療機関も停止する恐れが。自助や共助の必要性が問われることに。

大雪

大雪になると公共交通機関が止まり、場所によっては孤立する恐れも。大雪の予報が出たら、早めに帰宅し外出は避けます。

起きたら…
- 外出は避ける
- 停電に備えた防寒対策
- 除雪作業は2人以上で

噴火

日本には100以上の活火山があります。2014年の御嶽山噴火が記憶に新しいですが、活火山はいつ噴火するかわからない恐ろしさが。

起きたら…
- 速やかな情報入手と避難
- 防塵マスクやゴーグルを用意
- 車移動はしないこと

発生時編

トリアージ

助けを呼ぶ前に考えて。「助けてくれ」とさえ言えない重傷者のこと。

「トリアージ」という言葉を聞いたことがありますか?

災害時にはたくさんの負傷者が出ます。しかし、医療機関も被災をしていると医療に携わる医師や看護師、そして医療物資も圧倒的に不足してしまいます。

トリアージとは、限られた状況下でひとりでも多くの命を救うために負傷者の重症度、緊急度に応じて治療の優先順位を決めること。

助けを求めているのは自分だけではない。そこに気づきましょう。

経験者の声
父親が怪我をしたが、すぐ病院に行けなかったので自分が止血した。
（阪神・淡路大震災／60代男性）

経験者の声
臨時の緊急外来が設置された病院の玄関は、患者だらけでとにかく混乱状態だった。
（熊本地震／70代女性）

29

治療の優先度を決めるトリアージ

一番はじめに助けるべきは生死の境目にいる「赤色」

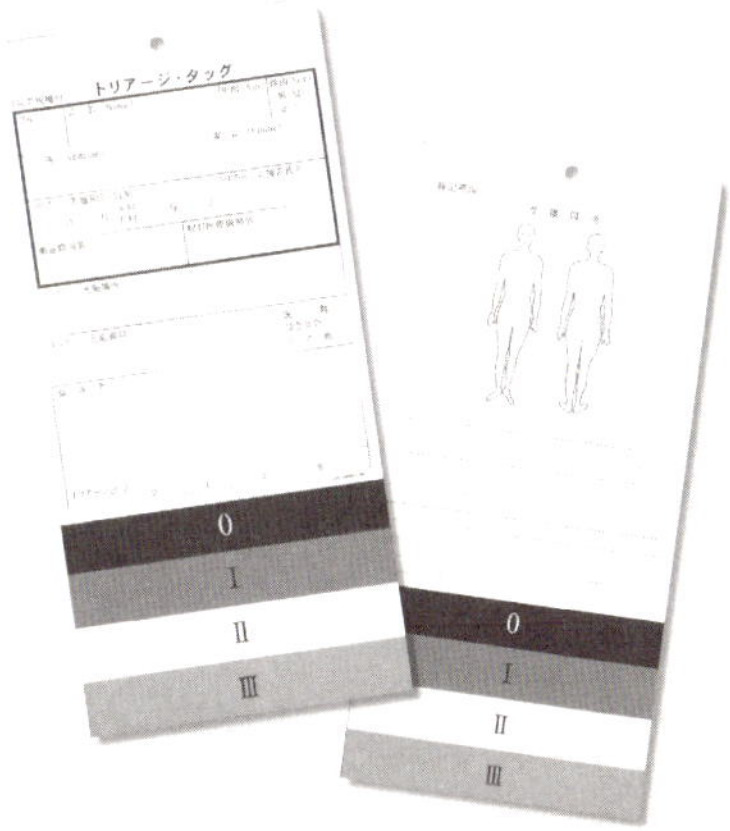

トリアージでは、右のようなタッグが使われます。トリアージの分類で注目すべきは、第3順位の軽処置群。この人々が病院に集結すると、最優先治療群の重傷者の処置が遅れてしまう恐れが。助けが必要なのは、自分だけではないという意識が、多くの命を救うことに繋がります。

順位	分類	識別色	状態
第1順位	最優先治療群（重症群）	赤色	生命を救うため、直ちに処置を必要とする者。窒息、多量の出血、ショックの危険のある者。
第2順位	待機的治療群（中等症群）	黄色	多少治療の時間が遅れても、生命に危険がない者。基本的に、バイタルサインが安定している者。
第3順位	保留群（軽傷群）	緑色	上記以外の軽易な傷病で、ほとんど専門医の治療を必要としない者など。
第4順位	無呼吸群（死亡群）	黒色	気道を確保しても呼吸がない者。既に死亡、または明らかに即死状態であり、心肺蘇生を施しても蘇生の可能性のない者。

参考：「トリアージ ハンドブック」（東京都福祉保健局）

+ STUDY

被災時はすぐ治療してもらえないと考える

災害時には、負傷者が多数発生します。自分が怪我をしても、医師はより深刻に助けが必要な人を優先することを心得ておくこと。それを知った上で、軽症ならば自力で応急処置を施す技術を身につけておくこと、そして何よりも怪我をしないための備えが大切です。

発生時編

救急処置

30

念のために、と習得した正しい知識と技術が誰かを救うかもしれない。

自分の大切な人、あるいは隣近所の人が、災害時、もしも倒れていたら助けることはできるでしょうか？傷病者を救うためには、正しい知識を発信する組織の元で、応急手当の「知識」と「技術」、どちらも身につけておくことが必要です。東京都では、年間25万人が消防署の救命講習に参加しています。講習は老若男女、年齢制限がないので高齢者も受講が可能です。

経験者の声

いざという時、自分が役に立てればと思って受講した。講座を受けておいて絶対損はないと思う。（救命講習参加者／60代女性）

救命に必要なのは知識と技術

「知識」だけでは実践できない 正しく「技術」を備えること

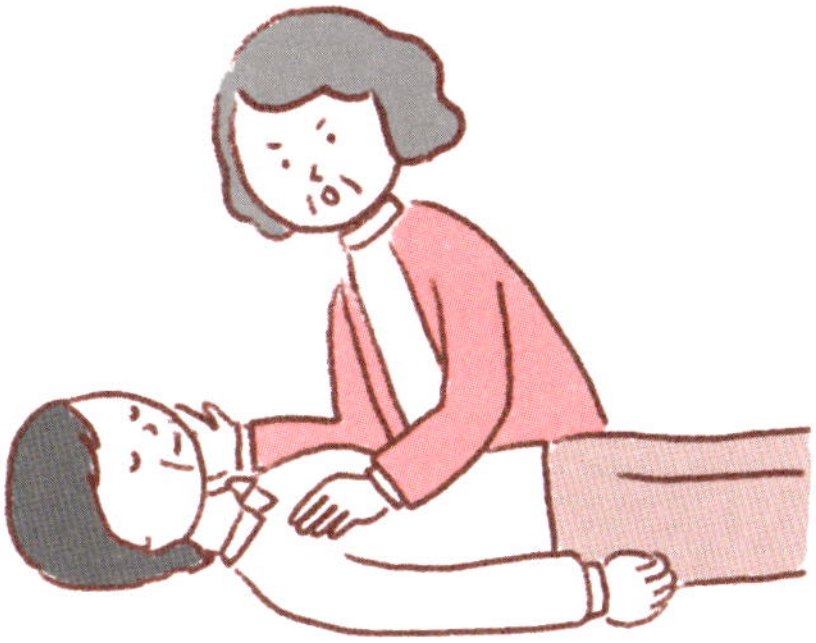

心肺蘇生の方法や、AEDの使い方などの情報は手軽に入手できます。しかし、頭だけの知識では、いざという時に活用することは難しいもの。実際に自分の身体を動かし、技術として習得しておくことが理想です。

■一般向けに救命講習を実施する組織

日本赤十字社

満15歳以上が受講できる救命法基礎講習では、手当の基本、一次救命処置（心肺蘇生・AEDの使用方法・気道異物除去など）を全国の各支部で学べます。

消防庁

心肺蘇生やAED、異物除去、止血法などを学ぶ普通救命講習をはじめ、レベルに応じた救命講習が全国の消防局などで実施されています。

＋STUDY

AEDは誰でも使用が可能！

病院をはじめ、駅や学校、企業など人が多く集まる場所に設置されているAED。痙攣状態に陥った心臓に電気ショックを与えることで、正常なリズムに戻すための医療器具です。救急車の到着以前にAEDを使用した場合は、救命率が数倍上がるとも言われています。

自宅を離れるべきか、留まるべきか。危険を見極め判断を。

大きな揺れに、自宅がなんとか耐えることができた場合…。地震が続く恐れが残る混乱状況の中、家を離れるべきか、あるいはどこかへ避難するべきかの選択に迫られる可能性があります。大地震が起きたからといって、必ずしも避難をする必要はありません。一方で、避難をすべきか否か、その見極めの眼を養っておくことで、リスクを踏まえた正しい選択ができるようになります。

31

経験者の声

家に戻ろうとしたら「津波が来るから戻るな」と声をかけられ、それで助かった。
（東日本大震災／80代女性）

避難は必要？ 見極めのポイント

1. 建物に致命的な外傷がないか

自宅の家屋に致命的な被害がないか。再び地震が発生した際に、倒壊の恐れを感じる場合は家の外へ避難することをおすすめします。

2. 二次災害の可能性はないか

自宅や近所に火災などの二次災害が発生していないか。また出火した場合でも、自力で消火することができ、致命的な被害がない場合は在宅可能と判断。

3. 地域に津波などのリスクがないか

自分の住む地域に、土砂崩れや津波、液状化などのリスクがないかを事前にハザードマップで確認。木造住宅が並ぶ地区などは、火災時に広がりやすい傾向に。

4. 行政からの指示がないか

行政や警察署、消防署、防災組織などから、避難指示が出ていないか。万が一連絡がある場合は、速やかに避難を開始します。

CASE STUDY

避難を促しても応じないおばあさん…

震災直後、津波のリスクがある場所で、町民が高齢者をワゴン車で避難させていました。しかし、おばあさんのひとりが避難を拒み、なおかつ避難を手助けしている人に対して玄関の鍵を探させる事態に…。これでは、2人揃って被害に遭う危険もあります。避難に応じない高齢者には、時に毅然とした態度と口調で指示する必要があります。

■被災後に実施される応急危険度判定とは？

自治体が数日以内に実施する応急危険度判定。地震後、建物の崩壊や落下物、転倒物などの二次災害を防止するため、なるべく短期間で家の被災状況が調査され、当面の使用可否が判断されます。不安があれば、この判定を目安に生活場所の検討を。

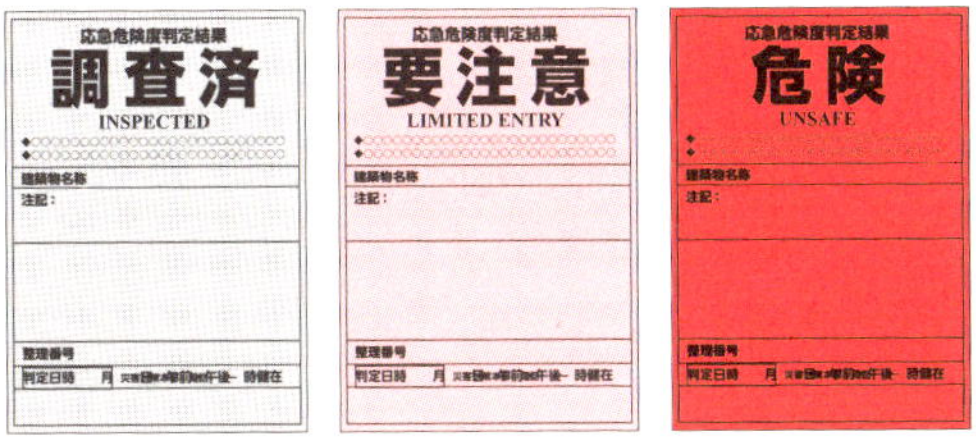

被災生活編

ライフラインの停止

電気、水道、ガス。全てが同時に停止するその不便さを想像して。

大災害が発生すると同時に、懸念されるのがライフラインの停止。
被災地の中心では、電気・水道・ガスの全てが不通になる場合もあります。
普段、当たり前のように使っていた道具が使えなくなる、
それがどのくらい不便なものか、想像がつきますか？
復旧は電気→水道→ガスの順番となることが多いため、
それを踏まえた備蓄や準備を心得ておくことも大切です。

経験者の声

電気もガスも止まってしまい、暗闇が地震の恐怖をより増幅させた。
（新潟県中越地震／70代男性）

経験者の声

オール電化だったので停電で湯も出なくなった。普段からお風呂に水を貯めるのが大事。
（東日本大震災／50代女性）

32

ライフラインはいつ復旧する?

電気　東日本大震災では 完全復旧まで約1週間

電気は早い世帯で当日、遅くても1週間くらいで復旧。ライフラインで最初に使えるのは、電気であることが多いです。停電したら、ブレーカーを下げること。上がっていると復旧時に通電火災のリスクがあり、自動通電がされない場合も。

電気が使えなくて困ること

- 介護用の医療機器が使えない
- エアコンが使えず暑い(寒い)
- 照明がなく夜間は真っ暗に
- エレベーターが止まる
- 電車が動かず移動が困難に

水道　東日本大震災では 完全復旧まで約3週間

東日本大震災では、水道は3日後で約半分、3週間後にはほぼ全世帯が復旧。しかし、西日本豪雨では電気やガスと比べ断水が長引く結果に。集合住宅の場合は、復旧しても設備内に不具合があるとさらに遅れる場合があります。

水道が使えなくて困ること

- 水洗トイレが使えない
- 洗濯ができない
- 飲み水が確保できない
- 洗顔や歯磨きができない
- 掃除ができない

ガス　東日本大震災では 完全復旧まで約1ヶ月

ガスは安全面を踏まえ、電気や水道よりも復旧が遅れがちに。ガスを使わずに、暖を取る方法を考えておくことが大事です。電気で代用できる場合も多いので、電気調理器やカセットコンロなどを備えておければより安心。

ガスが使えなくて困ること

- 風呂に入れない
- 加熱調理ができない
- お湯を沸かせない
- ガスエアコンが使えない

被災生活編

介護と防災

日常でも介護の現場は深刻な人手不足。災害時はなおさら。

いつ起こるかわからない大災害に、不安を抱える人は多いはず。それは、平時から介護が必要な高齢者を家族に持つ人ならなおさらのこと。被災時に最も高リスクなのは、要配慮者の人たちとも言われています。一方で、介護スタッフも被災者であり、まず自分の家族のことが最優先になります。そうなれば、当然介護にあたるスタッフの数も被災時は激減します。在宅介護でも施設介護でも、誰かを頼らず自分の家族は自分で守る心がけを。

経験者の声

支給された食事はおにぎりやパンが多く、介護食の母はそのままでは口にできなかった。（東日本大震災／60代男性）

経験者の声

電動式の介護ベッドだったので停電で困ったが、手動で操作する方法があって助かった。（熊本地震／50代女性）

33

要介護者を守るために考えよう！

在宅介護の場合

ヘルパーさんが来なくなって困ることは何かを考える

介護に必要な品を含めて、3〜7日程度の備蓄を。薬も手に入りにくくなるので、多めに確保します。地域によっては、被災数日後に社会福祉施設が福祉避難所として開放される場合もあるので、自治体の防災課に事前に相談を。

施設介護の場合

利用する施設の担当者と“もしも”に備えた情報共有を

介護施設や病院など、離れて暮らしている場合は、スタッフと非常時の連絡手段を共有しておかないと、安否確認ができない恐れが。被災時の避難など、対応方法は施設ごとに異なるので、合わせて確認できると安心です。

CASE STUDY

厳しい環境の中で避難…要介護者を救う難しさ

福島県第一原発から5㎞圏内にある病院と隣接する介護老人保険施設では、震災時に過酷な避難を強いられる事態に。バスの中や搬送先で、寝たきりの高齢者ら約50名が命を落としました。東日本大震災にて、岩手、宮城、福島の3県で津波で犠牲になった入所者・職員は650人以上。大災害で要介護者をいかに救うか、それは高齢化社会の日本にますます問われる課題です。

避難所で暮らすことが避難生活ではない。家で暮らす在宅避難も。

「災害が起きたら、まず避難所に逃げるもの」だと思ってはいませんか。

避難所で暮らすことは、選択肢のひとつにすぎません。

過去の地震では、避難所に多くの被災者が殺到してしまい、全ての人々を受け入れることができなかった場所もありました。

被災した際に、自宅で生活を続けられるように備えること、それを防災の基本として捉えておきましょう。

経験者の声

長期の車中避難は、足が伸ばせずとても辛かった。腰痛も悪化してしまった。

（熊本地震／60代女性）

経験者の声

地震後、貴重品だけを持って避難所へ行ったが、人が溢れて入ることができなかった。

（阪神・淡路大震災／60代男性）

34

避難所避難と在宅避難の選択

避難所避難

メリット

・建物が丈夫で安全
・周囲に人がいる安心感
・食料や水の配給がある

デメリット

・自宅を不在にする不安
・共同生活のストレス
・感染症のリスクが増す

在宅避難

メリット

・自宅なので落ち着く
・防犯上は有利
・プライバシーが守られる

デメリット

・その後の地震への不安
・食料や水の確保が必要
・自助だけでは限界がある

建物や環境に危険がない場合は、在宅避難の方がベター

■他にもある避難の選択肢

状況によっては、車中避難や軒先避難がよい場合も。シニアの身体面を考えると、被害のない圏外まで一時避難してしまうことも得策です。

車中避難

自家用車の中で居住する方法。身体を適度に動かし、エコノミークラス症候群予防を（P94）。

軒先避難

室内が危険な場合に、庭にテントなどを張って生活する方法。自宅に行き来しやすいのがメリット。

圏外のホテルや旅館へ無料宿泊を提供する送迎バスがある場合も。

35

ちょっと待って！自宅から離れる前に済ませておくこと。

被災後、自宅以外で生活をする場合は、しばらく家を空けることになります。
平時は必要なくても、被災時は家を離れる前に済ませておくべきことがあります。
一番必要なのは、二次災害を防止すること。
外出時は被害が発生していなかったとしても、
不在にしている間に、思わぬ危険が自宅に襲いかかる恐れがあります。
帰宅後に元の生活を続けるためにも、不在時の家の安全を図りましょう。

経験者の声

電気のブレーカーを落とすのを忘れていて、帰宅後コードが焼けた跡があった。（阪神・淡路大震災／70代男性）

避難する前にしておくべきこと

□ ガスや水道の元栓を閉める

ガス漏れや漏水の恐れがあるので元栓から閉めること。ただし、ガスメーターは自動的に遮断される場合もあるので、使用しているガス会社に事前に確認を。

□ 電気のブレーカーを落とす

電気はブレーカーごと遮断。倒れた家財の中に切断されたコードやスイッチが入った電化製品があると、通電再開後に火災が発生する恐れがあります。

□ 安否メモを残す

不在中に、家族や知人が家を訪ねてくる可能性もあります。自分が無事であることや不在の場合の連絡先を記載した安否メモをドアなどに残しておきます。

□ ドアや窓の鍵の施錠

過去の災害でも、空き巣被害が多く報告されています。ドアや窓の鍵はしっかりとかけ、窓などが破損している箇所はブルーシートで覆うなど、できる対策を。

□ 地域の人へ連絡する

町会役員など地域団体の関係者に、自分が避難することと避難場所を伝えること。情報を共有しておくことで、目をかけてくれる存在をつくるメリットがあります。

■個人の安否確認が町の減災に

地域によっては、安否確認のボードやハンカチなどが市町村から配布されている場合も。支援の必要がない家庭が「無事です」と提示することで、支援が必要な家庭を素早く特定できる利点があります。

どこに避難しているかは書かない方がベター

不在であることがわかってしまうと、空き巣の被害に遭う危険性が高まります。

災害関連死の*8割の原因は脱水症状が引き金に。命の水を摂取する大切さ。

普段私たちは、食料や飲料水から1日あたり約2ℓの水分を摂取しています。

しかし、食料の不足やストレスによる食欲の低下で食事の量が減ると、水分を摂らなくなり、知らないうちに脱水状態になってしまいます。

熊本地震の災害関連死の原因を見てみると、多くの死因が、脱水によって重篤化する点で共通しています。

だからこそ、命の水を摂取することを、絶対に忘れてはいけません。

経験者の声

町民の救助に必死になっていて脱水状態に気づかず、突然立てなくなった。

（熊本地震・60代男性）

経験者の声

ずっと横になっていた82歳の母が、知らないうちに脱水症になっていた。

（東日本大震災・50代女性）

36

＊平成28年熊本地震のデータ

脱水時に“真水ばかり”は逆効果!?

水を取れば取るほど、脱水状態になる悪循環

水分も大切ですが、脱水時には糖分と塩分を摂取することが不可欠。食事が不足している時は、ミネラルやナトリウムも不足するため、体液の濃度が薄くなります。そこに真水ばかりが入ると、体液がさらに希釈されて脱水状態が悪化することに。塩飴や梅干しを摂取したり、経口補水液で水分補給を行うことを意識しましょう。

脱水の悪循環で症状が悪化する危険性も…!

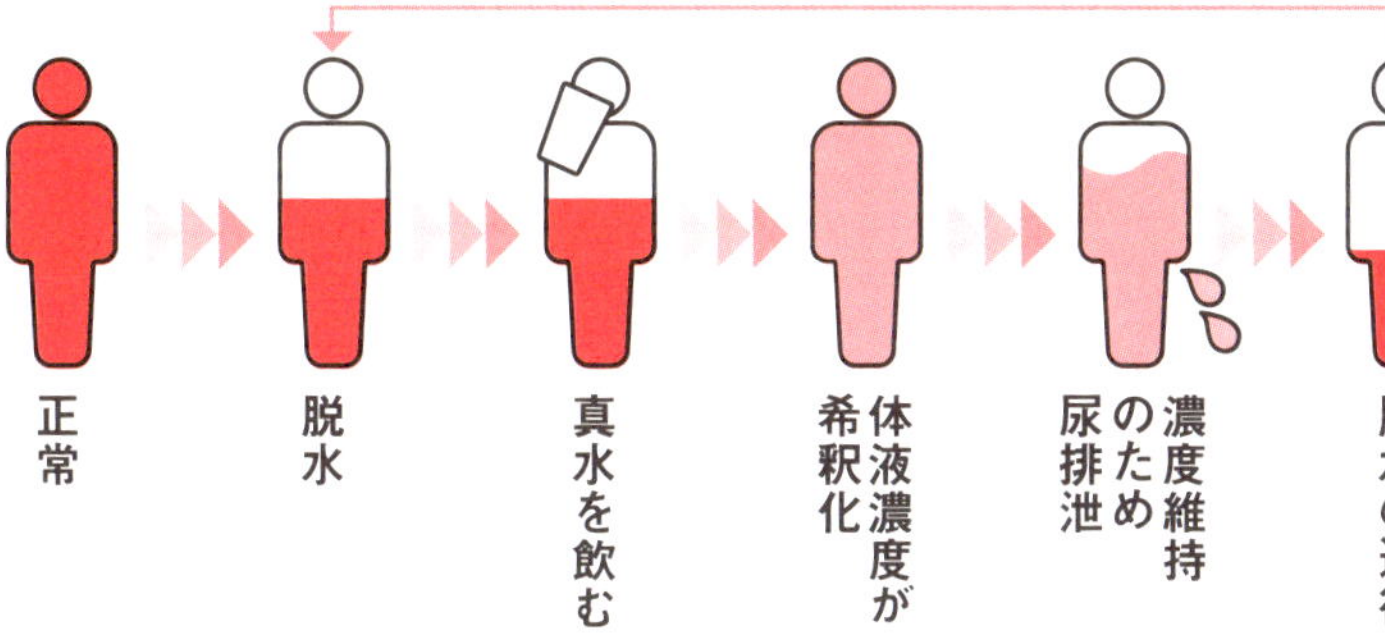

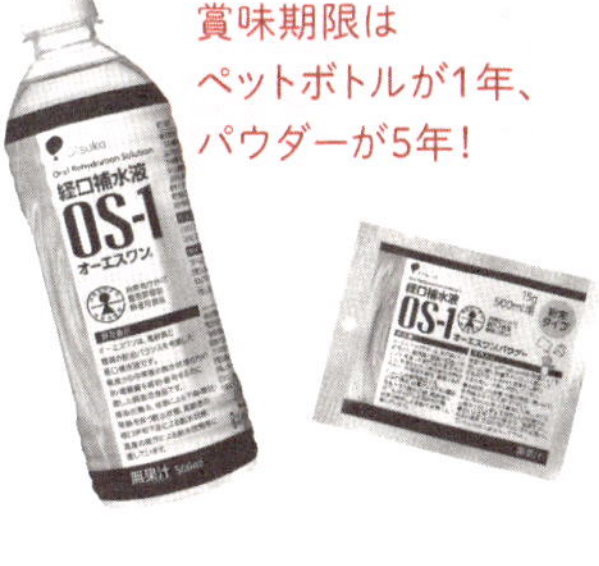

賞味期限は
ペットボトルが1年、
パウダーが5年!

■経口補水液を備蓄しよう!

災害時の真水は危険な場合があります。経口補水液を脱水状態時の水分・電解質補給に。一般的なスポーツドリンクと比較して、塩分が多く糖分が少ないのが特徴です。現在日本では、大塚製薬工場から「OS-1」が発売されており、ペットボトルやゼリー、パウダータイプなどが販売されています。

被災時の食事

噛む＝血を送る行為。温かい食事が私たちの命を繋ぐ。

栄養を摂取するためには欠かせない食事ですが、噛む行為は全身の血流を上げる効果があり、体調不調の改善に繋がります。被災時に衰弱しやすいシニアには、食事を通して噛むことが特に重要です。

また、食事を摂る上で大切なのが「温かい」こと。冷えた食事は免疫力を低下させ、ウイルスや細菌への抵抗力を奪います。おいしくて温かい食事は、健康と希望をもたらします。

経験者の声

地震が何十回もあり、火を使うのは危険だった。発熱剤付の食品が役立った。
（熊本地震／50代男性）

経験者の声

辛い状況の中で、食べ慣れた味がこんなにも嬉しいとは思わなかった。
（東日本大震災／80代女性）

37

安全で健康な食事を摂るために

温かい食事がもたらす 3つの大きなメリット

温かい食事の利点は、まず熱による殺菌効果がなされていること。また、身体を温め、心を落ち着けることもできます。電気やガスがない状況下で、いかに温かい食事を摂るか、キャンプを例に考えるとよいでしょう。

■温かい食事を摂る工夫

発熱剤を利用する

水を注ぐだけで使える発熱剤を使えば、被災初日から加熱調理ができます。発熱剤がセットになった非常食も便利。

カセットコンロで調理

備蓄品にぜひ加えてほしいのがカセットコンロ。被災直後の地震が続く状況では使いづらい場合もありますが、被災数日後から大いに役立ちます。

+ STUDY

シニア世代も食べやすい 食事の備蓄のススメ

シニア世代は飲み込みが悪くなりがち。食欲がなかったり、一般食が口を通らなかったりする場合は栄養補給ゼリーや青汁、介護用のレトルト食品などが活躍。特に、被災時に介護食は入手困難な恐れがあります。普段は使わなくても、身近に高齢者がいる場合は念のための備蓄を。

やさしい献立 おじや 親子丼風／キユーピー

被災生活編

感染症予防

免疫が弱いシニアには特に注意が必要な不顕性感染のリスク。

シニアの災害関連死を防ぐために重要なのは、感染症の予防。ウイルスや細菌による感染症は、感染経路を断つことで防ぐことができますが、衛生環境が十分に整っていない避難所では困難な場合があります。また感染症の中には、当人には感染症状が出ていなくても、他人に感染を広げる危険性を持つ「不顕性感染」というものがあります。若者が予防を怠ることで、その被害が高齢者に及ぶ危険もあるのです。

経験者の声

津波が引いた後の土埃で結膜炎に。花粉症用のメガネを持っていればよかった。
（東日本大震災／70代男性）

経験者の声

紙皿にラップを巻くことで、衛生的な上に洗い物が少なく水も節約できた。
（東日本大震災／50代女性）

38

感染症にならないための心得

接触感染予防

皮膚や粘膜の直接的な接触、または手や手すりなど物体の表面を介して病原体が付着するのが接触感染です。

タオルは自分専用に

タオルの貸し借りは厳禁。手を介した感染以外にも、顔を拭くことで結膜炎などの恐れも。

食べ物に注意する

十分に加熱されていない食品、封を開けてから時間の経過した食品などは口にしないこと。

除湿を心がける

毛布や布団などが不衛生だと細菌が繁殖。晴れの日に天日干しするなど、できる工夫を。

埃に注意する

倒壊した建物の粉じんや下水で汚染された埃も危険。なるべく埃の中に身を置かないこと。

飛沫感染予防

咳やくしゃみでウイルスや細菌が空気中に飛び出し、周辺の人に感染。飛沫感染は、咳エチケットで防ぎます。

咳エチケットを！

咳エチケットに便利なサージカルマスク。繰り返しの使用は意味なし。必ず使い捨てて！

つける時

ノーズパットに折り目をつけ、片耳ずつかけて。

外す時

マスク面に触れないようにゴムを引っ張って。

肺炎リスクのある高齢者は口内の健康が特に大事。身体の健康に影響します。

普段なら、歯磨きは虫歯予防や口臭予防など「お口の健康」のために用いられます。しかし被災生活においては、別の目的で非常に重要な役割を果たします。それは、感染症の原因となる細菌が、体内に侵入してくるのを食い止めること。免疫力の低下した高齢者は、被災時に口内環境が清潔でないと、細菌が増殖して肺炎になりやすく、全身の病気の悪化にも直結します。特に、自分で歯磨きができない要配慮者にこそ、口腔ケアは必須です。

経験者の声

入れ歯洗浄剤がなくてとても困った。歯ブラシと一緒に備えておくべき。（新潟県中越地震／80代男性）

経験者の声

水が足りなかったので、液体状のマウスウォッシュがとても役に立った。（東日本大震災／50代女性）

39

被災時の正しい口腔ケア

少量の水でできる歯磨き

水が不足しがちな災害時でも、少ない水を使って歯磨きをする方法です。

❶
約30㎖の水をコップに準備。
その水で歯ブラシを湿らせる。

❷
口の中へ入れ、歯磨きする。
ティッシュで歯ブラシの汚れを拭き取りながら、
歯磨きを繰り返す。

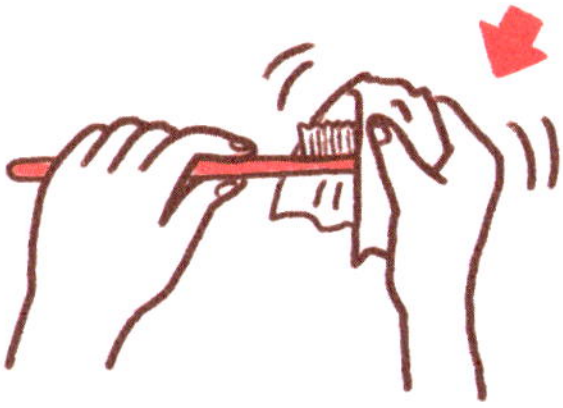

❸
コップの水で口内を2〜3回すすぐ。
一気に口に含むのではなく、
2〜3回に分けること。

■歯ブラシがない場合

食後に30㎖程度の水やお茶でしっかりうがいしましょう。またハンカチなどを指に巻いて歯を拭い、汚れを取るだけでも効果があります。

+ STUDY

汚れた入れ歯にも肺炎のリスクが！

入れ歯をしている場合は、一日一度は外して洗浄が必要。洗浄剤は手に入りにくいので事前に備蓄を。洗浄剤がない場合は除菌ティッシュで拭き、針金部分は歯ブラシや綿棒で清掃し、なるべく清潔に保ちましょう。

被災生活編

トイレ環境

被災中のシニアに清潔なトイレ環境は食事と同じく大切。

災害時には、断水や下水処置施設の損傷、停電などによって水洗トイレが使えなくなる場合が大いにあります。

ある避難所では、たった2つの仮設トイレを1000人以上が利用する事態に…。

また、汚れたトイレは悪臭を放ち、衛生面や健康面にも悪影響を及ぼします。

シニアの人たちは、トイレを我慢することで体調不良になりやすく、それが心筋梗塞や肺炎など、重大な疾患の引き金にもなりかねません。

経験者の声

避難所のトイレは汚いし、すぐ後ろに人が並んでいる状態で使うのが苦痛だった。（熊本地震／50代女性）

経験者の声

1週間以上自宅のトイレが使えなかった。給水だけでなく、排水ができないことは深刻。（東日本大震災／70代女性）

40

トイレを我慢すると大変なことに…！

トイレを我慢することで深刻な病気にかかる場合も

過去の災害でも、トイレに行きたくなくて水分の摂取を控え、脱水症状に陥るシニアが続出しました（P84参照）。水や食料を届けることはできても、高齢者の代わりに用を足すことはできません。「共用トイレはなるべく綺麗に使う」という当たり前の心がけが、被災時は特に重要です。

■高齢者のトイレ問題をどう乗り切る？

被災時のトイレは、避難所などに頼らず、自分たちで用意する位の心持ちで。凝固剤などの簡易トイレの備蓄に加え、折りたたみ式の仮設トイレを所有するのも得策です。介護保険が適用されるなら、ポータブルトイレをレンタルしておくのも◎。

トイレが嫌

飲食を避ける

身体に不調が表れる
免疫力の低下や脱水などが発生…。

小さな不調が原因で重大な疾患に！
心筋梗塞や膀胱炎、肺炎のリスクが高まる。
最悪の場合、命に関わる危険性も！

散歩や体操を忘れずに。被災前にしていたリハビリは継続を。

41

不自由な被災生活では、身体を動かすこと自体が億劫になり、寝たきりや座りっぱなしで過ごすシニアが増加します。その結果、身体の活動量が減ることで血の巡りが悪くなり、エコノミークラス症候群や低体温症などのリスクが高まります。熊本地震では車中泊が目立ち、50人以上が深刻なエコノミークラス症候群に…。気持ちが落ち込む時こそ、気分転換を兼ねて小まめに身体を動かす意識を。

経験者の声
避難所で教えてもらった健康体操を、今でも毎日続けている。
（東日本大震災／80代男性）

エコノミークラス症候群を防ぐ!

過密状態の避難所では シニアに限らず要注意!

新潟県中越地震がきっかけで知れ渡ったエコノミークラス症候群。最悪の場合、死に至る危険もある恐ろしい症状です。高齢者はもちろんのこと、熊本地震では40～50代女性の発症も多く見られました。

予防のための心がけ

- ☑ 十分に、小まめに水分を摂る
- ☑ アルコール、タバコは控える
- ☑ 身体を圧迫しない ゆったりした服装を
- ☑ 眠る時は足の位置を上げる
- ☑ 体操やストレッチを行う

■エコノミークラス症候群予防の足体操

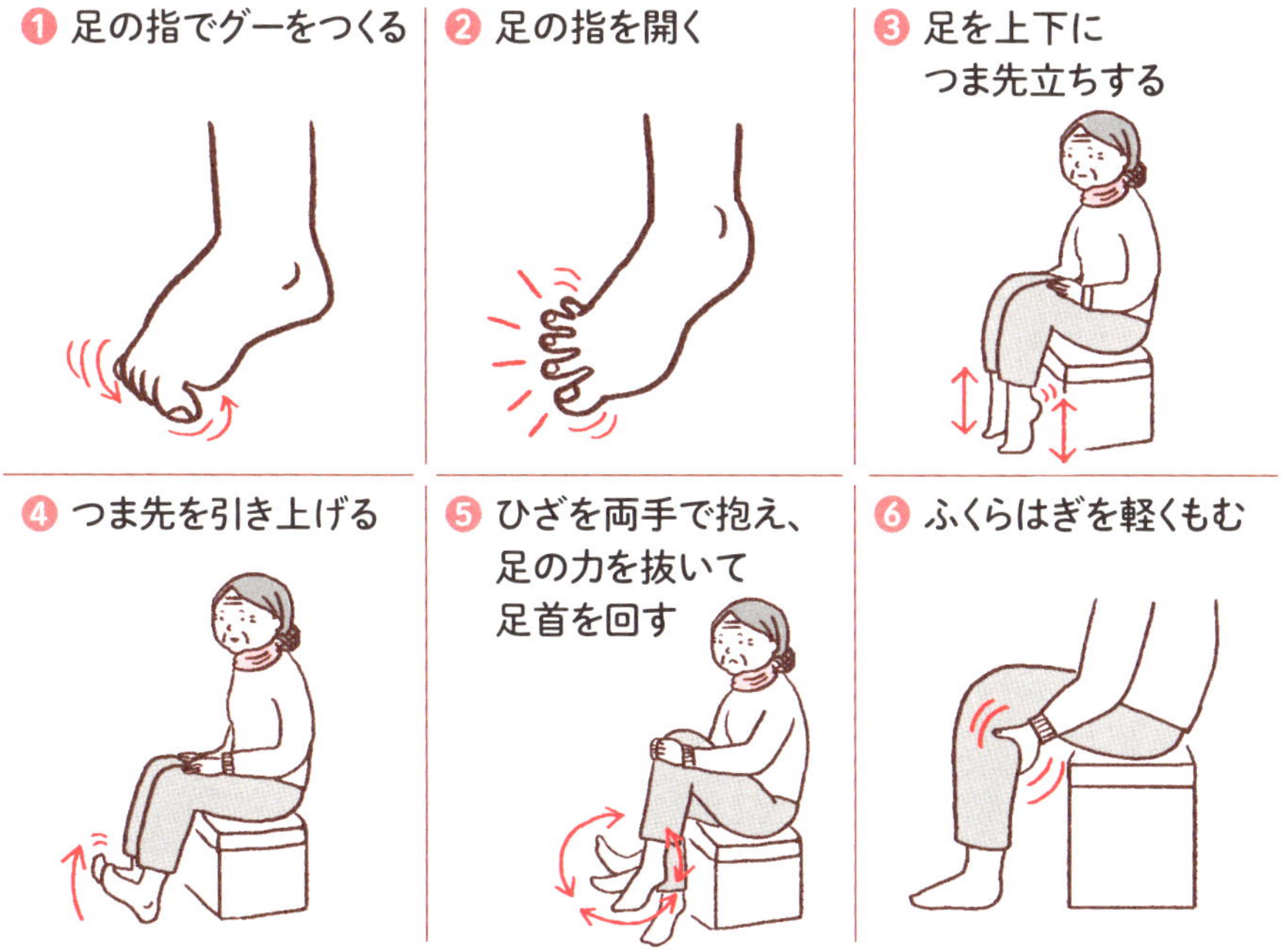

❶ 足の指でグーをつくる
❷ 足の指を開く
❸ 足を上下に つま先立ちする
❹ つま先を引き上げる
❺ ひざを両手で抱え、足の力を抜いて足首を回す
❻ ふくらはぎを軽くもむ

参考：厚生労働省情報

災害時はデマが流れる。発信元をしっかり確認して情報に踊らされない。

42

災害時にはさまざまな情報に紛れ、必ずと言っていいほどデマが流れます。今やＳＮＳやウェブメディアが発達し、誰もが情報を発信する時代。デマが発生し、拡散されやすい条件が揃っています。誰かひとりが発した嘘が、多くの人々の運命を左右する可能性も。誤った情報に惑わされないために必要なのは、発信元を把握すること。冷静に判断し、信頼性の高い確実な情報をキャッチしましょう。

経験者の声

在宅避難では情報が入りにくいので、公民館まで自転車で通った。
（東日本大震災／60代女性）

経験者の声

動物園からライオンが逃げ出したというデマが流れた。
（熊本地震／60代男性）

正しい情報入手をするために

自分が知りたい情報は何か。「情報の広さ」を考える

知りたい情報が「どの範囲に必要な内容か」を考えることも、情報入手のポイント。ひと口にテレビ・ラジオと言っても、提供する情報は局の規模で異なります。

今回の地震の震源地は…

鉄道各線の復旧状態は…

etc.

広域な情報なら

全国放送のテレビ、ラジオ　など

罹災証明書の発行場所は…

××町の銭湯が開放された…

etc.

地域の情報なら

ケーブルテレビ、コミュニティFM　など

■災害時におけるSNSの上手な使い方

SNSは、家族や知人など個人と連絡を取り合うための利用を基本に。情報入手に使うなら、行政や市町村の公式アカウントなど、信頼性のある発信元の情報のみを確認すること。

+STUDY

被害状況は遠い地域から広まる

被災した地域は、ライフラインが停止する場合が多く、情報も届きにくくなります。最も情報が必要な被災地の中心にいる人よりも、被災地外にいる遠方の人たちの方が被害情報を早く知ることになるケースは、実は多いのです。

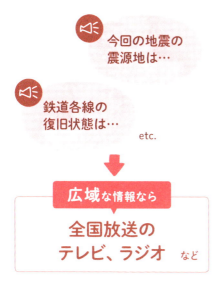

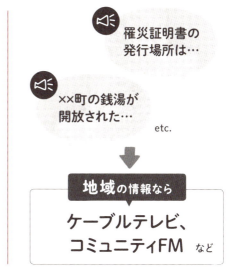

被災生活編

心のケア

43

何より辛い心の病気。耐えられない思いは決して我慢をしないこと。

街を破壊し、尊い命を奪い、日常生活を崩壊させる大災害。

その時、人の心には通常では想像できない位のストレスがかかり、恐れや怒り、喪失感、無力感などから、さまざま精神症状が発生します。

それは、災害という異常な出来事に対する、人としての正常な反応です。

心の傷は目に見えないため自分でも気づきにくく、他人からも見過ごされがち。

しかし、場合によっては身体の不調以上に注意をすべき「傷」なのです。

経験者の声

被災して随分経つけど、気分が沈んでしまって、何の意欲も沸いてこない。

（東日本大震災／70代男性）

被災地で広まる心の病気

被災体験が深刻な心の病に…

被災地では、強烈なショックにより、急性ストレス障害(ASD)や心的外傷後ストレス障害(PTSD)の他、うつ病やパニック障害など心の病が多発。辛い体験をすれば、誰もが不眠や食欲低下に陥りますが、症状がひどい場合は、専門機関への相談が必要です。

こんな症状に注意

- 急に泣きたくなる
- トラウマや悪夢をよく見る
- 緊張状態がほぐれない
- 恐くて被災現場に行けない
- 突然怒ったり取り乱す　etc…

■支援側にこそ必要な心のケア

被災時にストレスを受けるのは被災者だけではなく、援助者も同じこと。救護や支援にあたる側だからこそ、自分自身は我慢し、心は傷ついているのに無理をしてしまう傾向にあります。「隠れた被災者」である援助者の心のケアも、欠かすことはできません。

＋STUDY

生き残ったことへの罪悪感
「サバイバーズ・ギルト」

大災害で周辺の人々が命を落とす中、生存者が「自分だけ助かってよかったのか…」と罪悪感にかられるストレス障害、それがサバイバーズ・ギルトです。自責の念が強すぎると自殺の一因にもなりかねない、非常に危険な症状です。

ペットは家族同然！ それならペットの防災も当然必要です。

大災害では、人間だけではなく多くのペットたちが被災します。
阪神・淡路大震災では、ペット持ち込み禁止の避難所が多くありました。
しかし、その後いくつもの痛ましい災害を経て、動物愛護法が改正され、
近年は、多くの飼い主がペットと同行避難することが可能になりました。
とはいえ、大災害でまず優先されるのはペットよりも人命。
大切な家族だからこそ、自分たちで守り抜く知識と準備は不可欠です。

経験者の声

避難所の中まではペットの持ち込みができず、仕方なく車中避難になった。
（熊本地震／60代男性）

経験者の声

一緒に連れて逃げることができなかった、愛犬のことが今でも心残り。
（東日本大震災／70代女性）

44

ペット防災は飼い主の義務

飼い主の防災意識がペットの運命を変える!

ペットの受け入れ体制は避難所によってさまざま。まずは、自分の地域の自治体で、ペットの災害時の対策について下調べを。動物用の救援物資は到着が遅くなるので、個人での備蓄を忘れずに。

犬の場合

備蓄はもちろんですが、犬は日頃の躾や健康管理が大切。躾ができている犬は、被災時のストレスにも強くなります。防災素材のジャケットや足裏を保護するラバーシューズなど犬専用の防災アイテムもおすすめ。

猫の場合

犬よりも思い通りに行動してくれない猫は、連れて避難できるリュックや折り畳み式のゲージが便利。キャットフードや水に加えて、猫はデリケートなので、携帯できる猫用トイレなどで排泄環境を整えてあげる必要があります。

+STUDY

被災時に離れ離れになっても迷子札があれば再会できるかも!

熊本地震で県と市が保護収容した被災ペットは、犬猫合わせてなんと約2,500頭。迷子に備え、迷子札やマイクロチップなどを普段から使うことが大切です。持ち歩いていたペットの写真が手掛かりになって再会できたケースも。

被災生活編

防犯対策

悲しいことに被災直後のシニアを狙った犯罪も…。

被災地では毎回、残念なことに多くの犯罪が発生しています。住人が避難中の家屋などを狙った空き巣被害をはじめ、避難所では、窃盗や女性・子どもを狙った性犯罪が多く報告されています。日頃からシニアを狙った窃盗や詐欺は多発していますが、判断力が鈍っている被災時は、なおさら被害に遭いやすくなります。個人はもちろん、地域全体で防犯意識を高めていく必要があるのです。

経験者の声

自転車や車を盗まれたという話を聞いたが、自分は農機具を盗まれた。
（西日本豪雨／70代男性）

経験者の声

避難所から家に戻ると、無施錠だった窓から空き巣が侵入した形跡があった。
（熊本地震／50代女性）

45

こんな被害が発生しました！

ボランティアと名乗る人に後から高額請求をされた

対策

作業服でも油断禁物！ 証明書など身元の確認を

被災後の家を回り、ボランティアを装って清掃などを行った後で法外な料金を請求するパターン。作業服を着ているだけで相手を信頼せず、ボランティアの証明書などを見せてもらい相手の身元を確認しましょう。

避難所で席を外した隙に財布がなくなっていた

対策

貴重品は肌身離さず！ 家族がいれば留守番を

避難所にはプライバシーはありません。自分のスペースを離れる場合は、貴重品は持ち歩くか家族など信頼できる人に留守番をお願いすること。また、他人の前で、お金などの個人情報の話をしないこと。

保険会社を装った架空の請求書が届いた

対策

見覚えのない請求にはすぐには応じない！

公的機関や企業を名乗った、料金未納などの嘘の通知書類が届くケース。銀行振込やコンビニでの支払いを求めることが多いです。シニアには、家族や知人など身近な人から注意を呼びかけるサポートが必要。

夜、仮設トイレ付近で背後から身体を触られた

対策

女性らしい服装は避けなるべく複数人で行動を

大災害時、必ず起こるのが性犯罪。子どもや若者ばかりではなく、大人の女性を狙った被害も数多く報告されています。人気の少ない場所でのひとり行動は避け、トイレや着替えはなるべく見張りを立てるように注意。

直後の避難所は大混雑！日が過ぎてから残るのはひとり暮らしの高齢者。

被災直後、避難所は町中の人たちで混乱状態になります。その後、在宅避難が可能な町民は徐々に自宅へ戻っていき、自宅で暮らすのが難しい家庭と、自活が困難なシニアが残ります。避難所でのたくさんの知らない人との共同生活では、人間関係のトラブルや住環境の悪さなどから、ストレスを感じることも。互いにマナーやルールを守り、助け合う精神を持ちましょう。

経験者の声
イライラしていて、避難所で走り回る子どもについ怒鳴ってしまった。後になって後悔。
（東日本大震災／70代男性）

経験者の声
避難所は人が多く雑音も気になる。睡眠が大事なので、耳栓が便利だった。
（熊本地震／50代男性）

46

避難所で心がけたいこと

お互いさまの精神と心の交流が復興の種に

寝る時間ひとつを取っても、家庭によってさまざま。集団生活では、互いの生活スタイルを尊重した上で、プライバシーへの配慮やマナーが大切に。また、不特定多数の人たちが集う避難所には、統率するコミュニティの存在が不可欠です。できる限り役割分担をして、「お互いさまの精神」で被災者が助け合う環境づくりができれば、それが復興への第一歩となります。

■要配慮者への心がけ

認知症の高齢者や身体障害者の人たちなど、手助けが必要な要配慮者は、誰が支援するかを決めておくことも大事。相手を不安にさせない心配りを。

笑顔を忘れず
柔らかい口調で

否定的な言葉を
使わない

目線を合わせて
正面から話す

CASE STUDY

突然大声で「電気を消せ!」高齢者の気持ちを想像して

ある避難所で起きたこと。運営スタッフが20時頃に会議する中、80代位の男性が来て「早く電気を消して寝ろ!」と大声で怒鳴り声をあげました。当時、避難所の消灯は22時。しかし多くの高齢者は20時前に就寝していたのです。結果、運営スタッフは、高齢者専用の畳部屋を用意し対応しました。ルールを設けつつも、生活環境に合わせた柔軟な対応が必要とされた一例です。

未来を見据えて。徐々に姿を変えていく被災地の様子。

災害の発生直後から復興に至るまで、被災地は目まぐるしく変化し、徐々に元の生活を求めて復興の道を歩んでいきます。そして、時期によって被災地の状況や課題、必要な支援は異なります。災害復興は、何年も何十年も先まで続いていくもの、防災は、起きた直後の避難や被災生活のイメージが強いですが、長期スパンで大災害の復興と向き合う気持ちも必要となります。

経験者の声
避難所は賑やかだった。仮設住宅でまたひとり暮らしになると思うと逆に辛い。
（東日本大震災／70代男性）

経験者の声
この地を離れた人も多い。復興はひとつずつ、残った住民の手で進めていかなくては。
（熊本地震／80代女性）

47

災害発生～復興までの時間軸

発生！

第1期 初動期

72時間以内

身の安全を確保し、被災生活の場所を決める

自分や家族の命を守り、避難する時期。72時間以内は救急での生存率が高く「ゴールデンタイム」と呼ばれています。

第2期 被災生活期

4～40日程度

関連死を防ぎながら被災生活を続ける

ライフラインが停止する中、最低限の救援物資と応急的な処置でしのぎます。災害関連死を防ぐべき大切な時期。

第3期 復旧期

40日後～

被災者の生活の再建や経済の立て直し

被災者は仮設住宅や復旧した地域へ移る時期。失ったものへの喪失感やストレスを感じやすい時でもあります。

第4期 復興期

1年後～

心のケアが課題。継続的な支援が必要

徐々に自立した生活が可能になる時期。インフラが整ったとしても、被災者の心に寄り添う支援が必要。

※復興までの時間軸は目安であり、災害の規模や状況によって異なります。

被災者一人ひとりが人生を前向きに生きるための支援制度。

被災生活がひと段落してくると、徐々に生活の再建が始まります。この時期に、最も問題になることといえば「お金」です。廃業せざるを得なくなったり、高齢で住宅再建をあきらめたりと、被災地の中でも、経済格差が生まれてしまう現状が…。被災した住居には、被害の程度を図る被害認定調査が実施されます。必要な支援制度をきちんと受け取るために、知識を養っておきましょう。

経験者の声
手続きがとても複雑。年寄りが理解するのは無理だと思う。（東日本大震災／80代男性）

経験者の声
被害は写真に収めておくこと。清掃してしまった後では、被害認定で困ることに…。（関東・東北豪雨／70代女性）

48

支援制度を受けるにはまずこれを！

罹災証明書を発行する

支援制度を利用するためには、罹災証明書が必要になります。被害認定調査の結果に応じて、市町村ごとに罹災証明書を発行します（ただし、地震保険や自然災害共済には罹災証明書は不要です）。

被害を写真などで記録に残す

自宅の被害は、なるべく早い段階で記録を。被災直後は大変な状況で忘れてしまいがちですが、後に被害認定調査の損害割合にも関わる可能性が。

被害認定調査と
応急危険度判定（P75）は
異なるので注意！

■生活再建のための支援制度例

親や子どもなどが死亡した場合	災害弔慰金
負傷や疾病による障害が出た場合	災害障害見舞金
生活するための資金が必要な場合	被災者生活再建支援金、災害援護資金
住宅を再建したい場合	災害復興住宅融資
仕事を再開したい場合	公共職業訓練、求職者支援訓練、職業訓練受講
学校に復学したい場合	日本学生支援機構の緊急・応急の奨学金、国の教育ローン災害特例措置
事業を再興したい場合	災害復旧貸付、中小企業・農業漁業者への融資制度
税金の減免を受けたい場合	所得税の雑損控除、所得税の災害減免
民間からの支援制度	地震保険、自然災害共済など

49 ニーズに合わない物資はむしろ被災者の負担に。本当に望まれる支援とは？

「被災地のために何かをしたい！」という思いは素晴らしいもの。しかし、ニーズに合わない支援物資が逆に被災地の負担になったり、十分な用意がなく被災地に出向き、現地で迷惑になったり…。時に善意が空回りして、ミスマッチやトラブルに繋がることもあります。一番喜ばれるのは、実は「お金の支援」だとも言われています。被災地に本当に必要とされ、無理なく続けていける支援の形が理想です。

経験者の声
支援物資でみかんが届いた時は嬉しかった。
（新潟県中越地震／60代女性）

経験者の声
救援物資を仕分けする手伝いをしたが、予想以上に使えないものが多かった。
（東日本大震災／50代男性）

被災地のためにできること、こんなにある!

義援金・支援金を送る

日本赤十字社や赤い羽根共同募金、放送局などが集める義援金や、支援活動を行う団体への支援金。少額から気軽に寄付できるのが長所。寄付金詐欺には要注意。

ふるさと納税を利用する

ふるさと納税を使えば、自分が応援したい任意の自治体に寄付できます。お礼の品も魅力。

被災地の名産品を買う

被災地の特産物を買うことで、そのつくり手たちを応援することができます。遠方からでも、アンテナショップや通販を利用して購入することが可能です。

チャリティイベントに参加

ライブやオークションなどの参加型の支援なら、自分も楽しみながら力になることができます。

ボランティアに参加する

体力に自信があれば、ボランティアも。支援ルールが整っているJVOAD(全国災害ボランティア支援団体ネットワーク)に所属する団体を介するのが一番安心です。

復興ファンドで投資する

企業の再建資金を投資する復興ファンドを利用すると、企業が再建された際に還元が!

10年、20年後に被災者が幸せに生き続ける未来。それが、本当の復興。

被災者のゴールは、元ある暮らしを取り戻す生活再建です。
しかし、単に生活環境が整うことだけが、生活再建ではありません。
大災害の後、生き残った多くの被災者の人々の中で
孤独な最期を迎えている人がいるという事実を知っていますか?
ともに支え合い、誰もが寂しい思いをせずに暮らしていける未来、
それが、私たちに必要な本当の復興です。

経験者の声

辛い経験が数え切れないほどあったけど、いつか振り返った時、よかったと思える人生にしたい。
(東日本大震災／60代男性)

経験者の声

震災後、挨拶や助け合いの大切さを実感。近所付き合いがよい方に変わってきている。
(東日本大震災／50代女性)

50

何十年も続く被災者の孤独死

寂しくて死んでしまう人を
これ以上増やしてはいけない

大災害が起きた被災地で、誰にも看取られず死を迎える孤独死が深刻化しています。実はその多くは高齢者。自活が困難になったり、孤独感から過度の飲酒にふけり肝硬変になったり、自ら死を選ぶ人もいたりと、孤独死の状況はさまざま。いずれにおいても、必要なのは家族や地域社会との交流。ひとりぼっちにならない確かな繋がりがあれば、この現状は変わるはずです。

■孤独死に陥りやすい人

・ひとり暮らしの人
・飲酒の多い人
・知り合いが少ない人
・疾病のある人

**町民みんなが心に留め
地域全体で守る努力を！**

CASE STUDY

震災から20年経っても…。
孤独死は1,000人以上に

阪神・淡路大震災では、翌年の仮設住宅での孤独死は約50人。その後20年以上が経過し、災害復興住宅での孤独死は1,000人を超えました。死因は病死をはじめ、自殺や浴槽で溺れるなどの事故死も多く見られました。中には、発見時に死後4ヶ月が経過していたケースも。発見者は家族よりも、警察や消防、民生委員の場合が多いことからも、その深刻さが伺えます。

復興に必要なのは、人の温もり。故郷をあきらめるわけにはいかない。

福島県郡山市で東日本大震災を経験
福島大学うつくしまふくしま未来支援センター特任教授
天野 和彦さん

福島県の教育委員会で社会教育の仕事をしていた天野和彦さん。東日本大震災の起きた3月11日の金曜日は、たまたま代休を取っていて、車で近所まで外出していた。

天野　町内の駐車場について外に出た瞬間、「コォー！」と地面から突き上げてくるような地震が来て、それから激しい揺れに襲われたんだ。駐車した車たちが勝手に動きだして、大きく左右にスライドを始めて、今にも潰されそうになった。とっさに近くにいた数人に『車から離れろ！』と叫んでいたのは覚えている。

強い揺れは数分に渡って2回起きた。幸い怪我もなく無事だった天野さんは、そのまま車で自宅まで帰宅した。

天野　帰り道の国道4号線の車道は地割れが起きてガタガタになっていて、5階建ての大きな工場は崩れて屋根だけになっていた。自宅の方は、外観は傷もなく安心したけれど、中はぐちゃぐちゃ。玄関で靴を脱ぎかけたけど、これは無理だと、すぐ履き直して中に入った。本棚は倒れて、部屋のドアは開かず、膝上まで床にものが散乱していた。

アウトドア好きということもあり、不便な環境下で便利なキャンプ用品や缶詰などの備蓄はあったという。電気は使えたので、身を寄せるための最低限のスペースを確保し、その夜は電子レンジで調理した夕食を家族と共に取った。

天野　夜、テレビをつけてみると、衝撃的な報道が流れていた。『*仙台市若林区の海岸に、300名以上の遺体が流れ着いています』。僕には、言っている意味が理解できなかった。「あの、若林区に？　遺体って死んだ人が？　300人…」その映像が、全く頭に浮かんでこなかった。

週明けの13日、天野さんは勤務先の福島県庁へ向かった。県庁には災害対策本部が設置され、県職員はすぐさま復興チームとして県内の避難所へ派遣されることに。天野さんがまず支援に向かったのは、津波被害が特にひどかった相馬市内の小学校だった。

天野　海辺は鼻が曲がりそうになる程、重油の匂いが充満していた。道がなくなった海沿い

＊震災当日の夜、全国に報じられたこの衝撃的なニュースは、後に誤報だと明らかになった。
災害時は、混乱の中で事実と異なる情報が報道されるリスクが十分にある。

へ車を走らせている時、いるはずのない人影が遠くに見えたんだ。赤黒い肌に立派な体つきで、おそらく漁師さん。徐々にその人に近づいていくと…、絶句した。その人、腕で涙をぬぐいながら、大声で泣いていたんだ。だって、見たことあるかい？　大人の男が、公道で、号泣している姿なんて…。「これは、大変なことが起きているんだ」と。改めて実感させられて、凍りつくような瞬間だった。

天野さんが到着した、海から約2kmの距離にある小学校。そこに避難した人たちは皆、津波で家族や親戚、あるいは友人など、自分に繋がる誰かしらを失っていた。

天野　60歳位の女性が僕のところに来て言ったんだ。『うちのお父さんのことで何かわかりましたか？』と。バスで（遺体）安置所まで行っても遺体が見つからなくて、その人はずっと沈んだ顔をしていた。

でも数日後、その女性が微笑んでいたんだ。『昨日、主人が見つかったんです』って言って。『これでやっと、お弔いが出せる。生きてはいないだろうと思っていたけれど、ちゃんと自分のところに帰って来てくれて嬉しい』って。そのお母さんの姿は、今でも忘れられない。

大切な人や思い出の詰まった家を失った被災者が集まる避難所。それでも、知り合いの顔があって、町内会長がいて、助け合うための自治があった。心に深い傷を負いながらも、人々は徐々に笑顔を取り戻し、和やかに過ごしていた。

小学校での支援も1ヶ月ほど経った4月上旬、天野さんに県庁の災害対策本部から突如、要請の連絡が入った。

天野　県庁に行くと、部長をはじめ幹部が並んでいて、部屋はものすごく緊迫した重い空気が漂っていた。その中で言われたんだ。『ビッグパレットふくしまで、人が死ぬかもしれない』と。県内最大の避難所となったビッグパレットには当時約3000人が避難していた。風紀は乱れていつ犯罪が発生してもおかしくない状況であること、またノロウイルス感染の疑いがある人を含め、三十数名が隔離されている、という内容だった。

天野さんは2日後、現地に向かった。

天野　建物中に人、人、人。誰がどこに住んでいるのか、全くわからない…。「こんなところ、どうやって立て直すんだよ！」というのが、はじめの印象だった。

この混乱から人々を救うために、天野さんら復興チームの職員は、救護や物資管理などの避難所の運営とは別に、避難所内に生活支援ボランティアセンター、通称『*おだがいさまセンター』を開設し、避難所内に初めて自治会を立ち上げた。

天野　被災者のゴールは生活の再建。限られた避難所の中でも、お互いさまの精神で、人間としての生活を取り戻すことが目的だった。足湯の傾聴ボランティアを始めたり、喫茶コーナーをつくったり、敷地内の除草や花植えなどを通して、避難者自身が復興活動に参加する機会を設けたりした。

おだがいさまセンターは2012年にビッグパレットふくしまから郡山市富田町の仮設住宅群に移転。避難所をはじめ地域の人々にとっての貴重な交流の場として、年間利用者は約4万人にもなった。

＊おだがいさまセンターの名前は「お互いさま」を「おだがいさま」という福島の方言に由来。

現在、「うつくしまふくしま未来支援センター」の特任教授をはじめ、多くの復興活動に取り組む天野さんには、強い理念がある。それは『被災者に寂しい思いをさせない』こと。

天野　もう何年も前のことだけど、阪神・淡路大震災で被災し、仮設住宅で自殺した人の話が新聞記事になっていた。その人の遺書の言葉が奇妙でずっと忘れられなくて。そこには『もう一度、避難所に戻りたかった』と書かれていたんだ。その意味が、当時は理解できなかった。安全に暮らせる住居が手に入ったのに、どうして避難所に戻りたいと思うのか…。

でも、避難所支援を経験して、気づいたんだ。避難所は生活こそ不便だけれど、ダンボール1枚先にある、人々の息遣いを感じることができる。その人はきっと、『俺、寂しい』って、そう言って死んでいったんだって。

人は、ひとりぼっちだと死ぬんだということが、はっきりとわかった。そうさせないために必要なのは、交流と自治。これが人の命を救うんだと確信している。

復興活動も本格化し、ビッグパレットふくしまで生活する避難者もすっかり減った6月初旬。天野さんは避難所内のあるエリアの自治会長から「太鼓を貸して欲しい」という要望を受けた。

天野　「太鼓なんて何に使うの？」って聞いても、はじめは照れて教えてくれなかったんだけど、「相馬盆唄で盆踊りを踊りたい」って言うんだ。みんな、もうじき仮設住宅に移ってバラバラになってしまうから、その前に一度だけ。「最後に相馬盆唄で踊りたいなんて、どんな健気な願いなんだよ…」って、心が打たれた。その人たちにとっては、相馬盆唄が故郷そのものだったんだな。翌日には、早速、夏祭り実行委員会大募集のビラを配りはじめた。

そして1ヶ月後の7月中旬、ビッグパレットふくしまで2日間にわたって夏祭りが盛大に開かれた。当時、避難所で生活していたのはわずか200人、しかし、その夏祭りの日には3000人を超える町民が集結した。

天野　涙を流しながら盆踊りをする人たちの姿なんて、生まれて初めて見た。「相馬盆唄はいいなぁ」、「やっぱり故郷はいいなぁ」って言って、みんな泣きながら踊っていたんだ。その光景を覚えているから、僕は今でもずっと思っている。

『故郷を、決してあきらめるわけにはいかない』

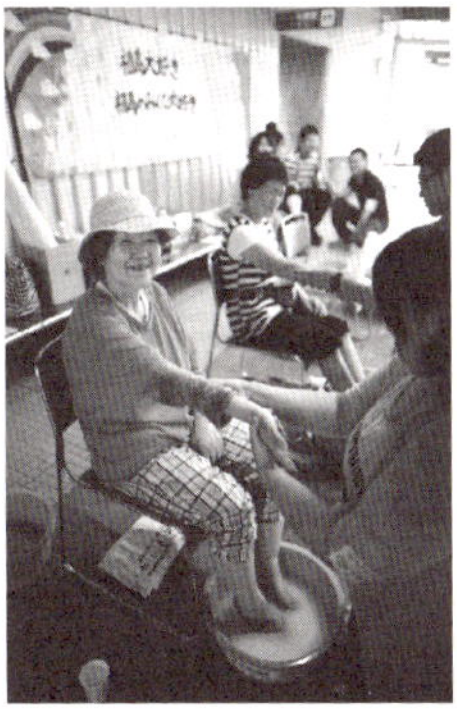

上／ビッグパレットふくしまで開催された夏祭り。3,000人もの人たちが集まり、交流の場に。

右下・左下／ビッグパレットふくしまにて、足湯を取り入れた傾聴ボランティアの様子。

「近所」付き合いは「近助」付き合い。顔の見える者同士で助け合いを。

宮城県仙台市で東日本大震災を経験

仙台市七郷地区防災アドバイザー
菊池 健一さん

仙台市の海沿いに面した若林区に住む菊池健一さんは、自宅の隣にある事務所にいた。

菊池 強い揺れによって、事務所の書棚が倒れて、中に入っていた100枚以上のCDが床に散乱…。避難したくても、それにツルツルと滑って足を取られ、なかなか前に進めないんです。激しい揺れの中で、死に物狂いで玄関まで辿りつきました。

外に出ても、強い揺れは止まらなかった。

菊池　近所の屋根からは瓦が次から次へと落ち、電線は引っ張られて「ビョーン、ビョーン」と音を立てていました。「これは危ない！」と思い、道路の真ん中で四つん這いになったが、その姿勢を保つこともできなかった。身体ごと左右に転がされて、屋根の瓦が手の甲に当たって怪我をしました。

菊池さんがいた若林区かすみ町は最大震度7。地震は数分間続いた。

菊池　揺れが収まってから、まず自宅を見に行きました。家は菱形に傾いていて、ドアも開かない。リフォームして2年の家だったけど、大規模半壊でした。

当時、町内の防災部長であり、元自衛官だった菊池さん。家の被害状況を記録した後、とっさに隣近所に住む人たちの安否確認に走ったそうだ。

菊池　昼過ぎということもあり若い人たちは働きに出ていて、家にいたのは女性や高齢者がほとんど。玄関で腰を抜かしている人や、震えて声も出せずにいるお年寄りがいて、とりあえず安全な場所に避難するように呼びかけました。

かすみ町地域は海岸から約5.5㎞、津波に襲われる危険性もあった。

菊池　大地震から30分が経過した15時20分頃から、県警のヘリが津波警報と避難指示を出していて、「これは、只事ではないな」と悟りました。しかし、ヘリで呼びかけても、ローターの音でかき消されて、うまく聞き取れない人もいたと思います。それを聞いてからは、さらに3つの町内にまで範囲を広げて、危険な家は避難所に行くように呼びかけました。ひとりで歩けそうにない高齢者は、近所の方々の手を借りてワゴン車で避難してもらいました。

中には、菊池さんの呼びかけに反論する高齢者もいたという。

菊池　20分前に避難を呼びかけたおばあさんのところに戻ってみたら、まだ避難していませんでした。しかも、避難を手助けしている近所の住民に対して、玄関の鍵を探させたり、散乱したタンスから通帳と印鑑を探させたりしていました。「何やってんだ」「とりあえず避難しよう！」と言ったら、おばあさんが私に対して「あんた！　誰だ！」って怒り出す場面もありました。

人生の先輩であるお年寄りに指示はしづらいかもしれない。でも、こういう時は毅然とした態度で伝えないとダメなんです。その時は嫌な顔をされるかもしれませんが、その人も後で私のところに来て「あの時は、ありがとうね」と言ってくれました。

菊池さんが避難所に到着したのは夕方の17時頃。そこで息子さんと再会した。しかし、幼稚園に勤めていた奥さんに会えたのは、なんと3日後のことだったという。

菊池　長男は妻の安否をずっと心配していて、震災の夜に「お母さんが津波に流されているかもしれないから、ひとりで見に行ってくる」っていうから、「行くな」と言ったんです。私は、（妻は）生きていると思ったし、行かせると二次災害の危険性もあったから。それから3日後に会えた時、長男が真っ先に「僕がお母さんを探しに行こうとしたのに、お父さんが行かなくていいって言った」って言うもんだから、さすがにそれは参りました。（笑）

菊池さんが向かった蒲町小学校には、周辺地域の住民をはじめ約1500名が避難していた。菊池さんは11日の夜、各町内会長や学校長に避難所の運営組織を立ち上げたいと相談し、防災アドバイザーの立場で支援した。

菊池　この状況は長く続くと思った。だからこそ、避難所をひとつの町内会として運営できるようにする必要があったんです。運営委員長には、日頃から町民に顔が知られていて、信頼されている町内会長にお願いするのが一番だと思いました。

ただ、1500人をひとつの小学校で生活させるのは無理がある。自宅避難が可能な人には3日分の備蓄を渡して帰宅してもらい支援者が訪問する形にしました。避難所に残ったのは273人。ひとり暮らしのお年寄りや、家が大規模半壊以上の被害にあった人たちが大半でした。

避難所生活では、時にさまざまなトラブルに直面する。

菊池 避難者の中に、犬を連れて避難した人が8家族ほどいました。すると「体育館の中にペットは入れて欲しくない」という苦情が起きました。飼い主にとっては大事な家族、室内犬だから外で飼ったことがなく、雪が降る外に置き去りにはできないと…。運営委員の中には、「人がどうやって生きていくか話している時に、ペットのことまでは…」という意見もありました。しかし、避難生活が長引く中で、ペットの存在はきっと、飼い主にとって安心や癒しになると思ったんです。結果的に、ペット専用のスペースを設置して対応しました。

他にも、着替える場所がない、他人のいびきや子どもの声が気になる、仮設トイレがいつも混んでいて汚いなど、避難者の悩みや不満は数え切れないほどあった。避難するまでの訓練は大事だけれど、避難後の対応も平時のうちから考えておくべきだと、菊池さんは言う。

菊池 いざという時、頼りになるのは自衛隊でも消防でも、行政でもない。隣近所や同じ町内の人同士で助け合いました。日頃の近所付き合いが、近い人を助ける『近助付き合い』になる。だから、顔の見える地域の人たちとの関係づくりは本当に大事なことなんです。

「空振りでもいいから、今日は逃げよう」自主避難は〝念のために〟と心がける。

茨城県常総市で関東・東北豪雨を体験
Sさん

2015年9月に起きた関東・東北豪雨。茨城県常総市では、9月10日に鬼怒川の数カ所で越水や漏水が発生し、堤防が決壊。Sさんも床上浸水の被害を受けたひとりだ。

S　前の晩、上流の栃木県で83年ぶりの大雨だという報道を聞いて、とっさに思い出したのは祖父母や母親が経験した昭和13年の大洪水。自分は生まれていなかったけれど、「鬼怒川の鉄砲水」の話を聞いていたのが、とても印象に残っていた。なんせ、鬼が怒る川で「鬼怒川」だからね。昔からずっと恐れられていたんだ。だから、「いつかまた洪水が起きるだろう」と、そんな予感は前々からしていた。「これは、もしかしたら危ないんじゃないだろうか…」、そんな気はしたものの、その日の夜はいつも通り、眠りについた。

Sさんの自宅は常総市の水海道地区。奥さんと2人で暮らしている。翌朝早朝に起床し、テレビで満杯の鬼怒川が映され、上流の若宮戸地区の堤防が越水したことを知って、改めて身の危険を感じたという。

S　これは、いよいよやばいなと思った。娘夫婦が神奈川県の川崎市に住んでいるから、そこへ避難しようと妻に話したのが、午前7時くらいだったと思う。

はじめ、奥さんはSさんの意見に賛同しなかったそうだ。

S　妻は逃げたくないと言ったけれど、このままじゃ絶対に危険だと、どうしても引き下がれなかった。「頼むから、今日は俺の言うことを聞いてくれ。このままじゃ、絶対危ないから……！　空振りでもいいや。孫の顔を見に行こう」と。なんとか言うことを聞いてもらった。

しかし、Sさんのこの判断が、のちに功を奏することとなる。9時30分には水海道地区には避難指示が発令され、12時50分、鬼怒川の堤防は決壊。常総市の3分の1が浸水し、床上浸水が約5000軒、床下浸水が約3000軒という甚大な被害をもたらした。

S　鬼怒川の決壊を知ったのは、東京に着いて昼食を食べている時。「やっぱり、来たか…」と思ったね。

Sさんが水海道の自宅に戻ったのは、それから4日後のことだった。

S　4日経つと水はほとんど引いていて、住民だけが立ち入れるような状況だった。自宅は決壊場所から10㎞以上も下流にあったけれど、それでも近隣のほとんどの家が床上浸水。ヘリコプターで救助された人も多くいた。

常総市役所本庁舎から撮影。押し寄せた水によって、本庁舎に避難した市民の車も水没した。
（写真提供：常総市役所）

室内の畳は全て取り除いて、床下の泥をかき出す作業がとても大変だった。でも、これをしておかないと、後からカビが発生したり、悪臭を放ったりして家ごとダメになってしまうから。ボランティアの人たちがいなかったらできなかった。本当に感謝です。

被災後の常総市には、のべ4万人以上のボランティアが、復旧作業にあたった。

今回の被災経験を生かし、Sさんはいくつもの教訓を得たという。

S　まず、避難はなるべく警報が出た地域の圏外に移動すること。避難所に指定されていた常総市役所は1階が浸水し停電・断水してしまった。せっかく避難所に避難しても、浸水してしまったらライフラインが

三平 洵（Jun Mihira）

慶應義塾大学大学院政策・メディア研究科修士修了。東京工業大学グローバルCOE研究員（RA）などを経て、2007年株式会社イオタ（イオタ防災総合研究所）入社。ニンテンドーDSの防災学習ソフト「地震DS72時間」開発プロデューサーを務める。2012年から株式会社イオタ代表取締役に。2014年に一般社団法人地域防災支援協会を設立し、代表理事に就任。東京都総務局総合防災部主催の講習会で講師を務めるなど、防災対策や地域活動に精通。

https://www.boushikyo.jp

【参考文献】

『東京防災』（東京都総務局総合防災部防災管理課）
『東京くらし防災』（東京都総務局総合防災部防災管理課）

シニアのための防災手帖

2019年5月20日　第1刷発行

監　修　三平 洵（一般社団法人地域防災支援協会）

ブックデザイン・イラスト　おおつかさやか

取材・編集　小川真梨子　松本貴子

発　行　〒112-0011　東京都文京区千石4丁目39番17号
TEL 03-5395-6133　FAX 03-5395-5320

印刷・製本　株式会社東京印書館

ISBN978-4-86311-225-4　C0036

停止して生活できなくなる。なるべく早く、安全な場所へ行くのが一番!

事前避難をするためには、避難勧告などによる行政の呼びかけも必要だが、個人の心がけが最も重要になる。

S　今回、多くの人が避難をしようとしなかった要因に、被災時の天気が雨ではなく曇りだったことも関係している。決壊するギリギリまで、出勤したり、家事をしたり、平和な日常を過ごしていたんだから、恐ろしい話だよね。避難準備や避難勧告の情報がなく、いきなり避難指示が出た。避難勧告との違いもわからないという町民の声もあった。

事前避難の心がけに加えて、災害後の「お金」の問題もある。

S　自宅が床上浸水したら、最低でも1階部分の大改修が必要。しかし、ほどんどの家庭が水害の保険には入っておらず、改修をあきらめて賃貸や他地区へ移住する人も多かったと聞いている。

火災保険で風害が補償されていても、洪水は対象外であることが多い。川のある地区に住む人は、洪水に対する保険に入っておくことも大事だと思う。

また、浸水被害と合わせて深刻だったのはゴミの問題。常総市には、被災後たった4日間で、およそ1.3年分のゴミが発生。市内の数カ所に設置されたゴミ置き場には、朝から夕方まで、車の大渋滞が続いた。

S　何よりも忘れてはいけないのは、自然への畏敬の念を持ち続けること。「水海道」「鬼怒川」、その名前だけでも、いかに水害の危険がある土地なのかがわかる。先人の教訓を忘れず、今回の災害を後世に伝える努力を、私たちは怠ってはいけないと思っている。